方法としての演技

ニーチェの唯物論

Peter Sloterdijk

Der Denker auf der Bühne. Nietzsches Materialismus

ペーター・スローターダイク
森田数実、中島裕昭、若林恵、藤井佳世〔訳〕

論創社

Peter Sloterdijk
“Der Denker auf der Bühne. Nietzsches Materialismus”

方法としての演技——ニーチェの唯物論

方法としての演技——ニーチェの唯物論

目次

覚え書き

本論は、さしあたりはニーチェの初期の著作『音楽の精神からの悲劇の誕生』の一つの読解である。モデルネの基本的なテクストについてのこの試論は、ゴットフリート・ホネンフェルダー［訳注：ドイツの出版社で、本書が発行された当時のズールカンプ社の代表］からの示唆によって書かれたものである。

しかしまたこのテクストは、ニーチェのいくつかの示唆をさらに自由に発展させて、啓蒙の概念をドラマ［Drama］の概念と結びつけて考えようとする試みでもある。啓蒙の概念を修正しようとしているため、一次テクストに対する注釈としては過剰なものとなっている。しかしこの過剰な考察によって、もともとはニーチェの著作の新しい刊行物に付随する後書きとして発表されるはずだったこのテクストを、独立した出版物とすることが正当と思われた。もちろん大前提として、ニーチェの悲劇書に沈潜することの価値、いやその感激を、読者にはぜひ分かってほしい。

啓蒙がドラマの構造を持つことを理解し、合理的思考が自身の出来事性を自省すれば、近代哲学の厄介な理論上の自己誤解は崩れ去る。ドラマに学んだ意識だけが、理論の放縦と実践の猛威の相補的な奇形（その両者の弁証法といった雑種のことはひとまず置くとして）から逃れることができるのだ。意識的実存のドラマの中で出会うのは理論と実践ではなく、謎と透明、出来事と洞察なのである。啓蒙がもし実現されるとすれば、それは透明性の独裁ではなく、現存在の自己解明のドラマとなる。

これらの洞察が哲学の自己解釈にとって持つ結果は、きわめて重大である。哲学は、ドラマという自己意識を手に入れるやいなや、もはや単に世界のさまざまな見方を提供するものではなくなる。哲学的思考の世界概念は切り開かれ、諸過程からなるひとつの過程になる。その諸過程において、さまざまな世界によって夢想され、経験され、戦い取られ、我慢され、合意され、実行され、考えられた世界が立ち現れるのだ。したがって哲学は、いわゆる啓蒙が欲したような、いつもすでに逃れ去っている存在についての空虚な事後的思考ではない。哲学が世界創作に参画し、認識という冒険に情熱的に巻き込まれたとき、哲学は再びその名に値するものとなるであろう。

「そんなことがあるものか、」とツァラトゥストラは語った、「きみは危険を天職とした。そのことには何の軽蔑すべき点もない。いまやきみはきみの天職のために破滅する。それに報いるべく、わたしはきみをわたしの手で埋葬しようと思う。」

〔邦訳9巻『ツァラトゥストラ』「ツァラトゥストラの序説」三五頁〕

I

ケンタウロス的文学

「それゆえ高度な文化は人間に二重の脳、いわば二つの脳室を与えなければならない。一つは学問を知覚するため、もう一つは非学問を知覚するためである。」

［邦訳5巻『人間的、あまりに人間的』二七〇頁］

解釈を超えて生き延びるテクストは古典となる。それらのテクストは、分析されればされるほど、ますます触れることができないように見える。理解しようとしつこく言い寄れば言い寄るほど、ますます冷たく、超感覚的求婚者たちには見向きもしない。解釈学的な意味解明と文献学的再構成が、古典的テクストの組織に深く侵入すればするほど、テクストは解釈の衝撃に対してますます拒否的となる。

卓越したテクストはその解釈に優越しているということは、次のように説明することで足りるだろうか。エピゴーネンは天才に追いつくことがけっしてできない、あるいは、注釈は原作の豊かな意味を汲み尽くすことは不可能である、といった説明である。おそらく百年前、つまり精神科学の幼年時代であれば、このような言い方で重要なテクストが示す抵抗力を説明できたであろう。この素朴な解釈学は、古典的な作家たちが世俗の神々であるかのように、活発な崇拝文化に支えられ英雄の超然としたアウラに包まれて、後の世代の人たちの頭上に漂っていたような時代のものだ。解釈者たちが意味というミサのしかるべき侍僧となり、香炉を振り、それらテクストの永遠の真理を、ある時代と結びついて解釈された、ささやかな言い回しに翻訳してくれるであろうことを、古典的テクストは期待できたのである。

しかしこれは、今日ではもはや当てはまらない。解釈者はもはや、信者がミサに行くようには古典作家を詣でようとはしない。文献学的諸科学はずっと前から、その秘義的文字礼拝に飽きてしまった。解釈者が何らかの使命を信じ、古典作家についての注釈を超時代的な意味の名において記述することは、ますます困難になっている。解釈者はもはや、何か荘重な深みの中で伝統の真の意味を掘り出すというようなことはせず、あらゆる伝統的な意味要求に対して、方法論的に、より洗練された無関心へとますます後退する。そこにテクストがあり、そしてここにわれわれがいる。古典的発見の前に、われわれは冷徹な野蛮人として骨の髄まで無関心であり、それを持て余し途方にくれている。それはまだ何かの役に立つのだろうか。いずれにしても、きわめて重要なテクストが生にとって意義を持つと考えるアプリオリな信仰は、もはや不可能なのだ。そのような信仰が再度登場するように見えるとしても、それは野心的な批判的自我が素材に即して上昇練習をくり返しているか、あるいはアクチュアルな関心が歴史的文献資料から引用集を作っているにすぎない。

しかし、いまやようやくドラマが始まる。酔いが醒めてしまったいま、そして、後から生まれた知性が、より成熟した、あるいはよりシニカルな方法で、ともかくたいして喜びもせず、懐疑的に遺産と関わることを学んだいまこそ、重要なテクストにどんな意義があるのかが示される。その言説がもはや信じられなくなったとき、それらのテクストは新しい方法でわれわれに語り始める。もはや信用されなくなって、それらは思いがけない方法でわれわれを豊かにし始める。貢ぎ物が捧げられなくなってはじめて、それらは目立たない形でわれわれの方に手を伸ばす。われわれがとうとう背を向け、断固としてそれらを放棄したと思うとき、それらはゆっくりとわれわれの後から歩み始め、その歩みを止めることがない。目立たない先駆者としてではなく、目立たない先駆者として、守護霊のように。ストーカーとか押し付けがましい教師としてではなく、われわれはもはやその雅量と配慮に頼る習慣を持っていないにもかかわらず。これからはささやかに自分の事だけに気を配ろう、あまりに多くのことに直面したので生活を縮小し重荷を降ろそう、そう思ったそのとき、われわれは残骸の中に古典の言葉を発見する。かけがえのない文、美しい章句、心の動き、あちこちに書き散らかされた語句の断片。自分自身のことだけを語り、たえまなく騒ぎ立てるメディアや社会組織、疎遠な情報にはもはや関与しないことを決心したとき、そういう断片はかけがえのないものとなる。

このようにして、今日われわれはニーチェに至る。このようにして、われわれは彼を読むべきである。このようにして、ニーチェという存在を再検討し、その有効性を発揮させるべきである。すなわち、解釈し終えていたがゆえに再登場が許されるような著者として、そのテーマが決済された後でも依然としてそこにある、やっかいで、まばゆく、唆し、芝居がかり、そして何よりもわれわれ自身のテーマと同様に未決済ものとしてそこにあるがゆえに、われわれが出会うべきであるような思想家として、読まれなければならない。その際、この思考の公的地位とその重々しい古典性のことを気にする必要はまったくない。よりにもよってニーチェが、古典的作家の地位へと高められてしまったこと、そして彼が、あのような男性として、またあのような知性によって、多くの解釈者により思想家のパンテオンへと祀り上げられてしまったことが、適切だったのかどうか悩むのは、すでに遅すぎる。影響史はたいていの場合、さまざまなタイプの歴史的、人間的偉大さなどは意に介さず、したがってニーチェには、賛嘆と曖昧さとの特異な混合に基づいて古典性が与えられているのである。彼の場合の古典性は、市民的文化の最盛期の調和のとれたものではとうていなく、暗い批判的言辞と焦眉の凶報を伴うモデルネの荒々しい古典性である。

ともかくも、作品が伝記から切り離されて研究される思想家と、伝記と思考の歴史とが不可分の統一をなしている思想家との二つのタイプがあるとすれば、ニーチェは後者のカテゴリーに属すると一般的に言われるようになった。この言い回しには、ある著者を古典的な作家と同列に置くことがその著者にとって不当なこととなりうるのだ、という思いが表れている。ニーチェは絶対に、そんなに遠い存在ではない。死んでいることは彼の強みではない。晩年の散文のほとんど非人間的な輝きをさしあたり度外視すれば、ニーチェのアクチュアルで引き裂かれたアウラは、通常は古典的なものの雰囲気の一部をなしている苛立たしい物言いや高貴な退屈とは無縁である。

しかし、ニーチェをアクチュアルにするものは、いったい何なのか。少なくとも、彼の理論に対する警告までもが再び顕著になるほど、ニーチェをアクチュアルにするものは何なのか。彼を新たにいかがわしくし、引用する価値のあるものにし、範例的なものにするのは何なのか。それは、最近の神経症患者たちが哲学上の保護者を捜し求めているだけなのか。あるいは時代精神が、社会民主主義的な、または新キリスト教的な道徳主義との数十年の政治的交渉の後で再び、より厳しい真理とより陶酔的な熱狂を求めているためか。一般的となった進歩への疑いはわれわれを、近代という現象のこれまでとは別の解釈に、すなわち歴史という怪物と社会化という幻影とに距離を保つ解釈に耳を傾ける気にさせたのか。これらの推測のどれも、まったくの間違いというわけではない。しかし、モデルネの自身に対する最も深い疑いを把握し、現代の最も扱いにくい両義性を思考しつつ追跡しようとするとき、いつも出て来るのがニーチェの名であるのはなぜなのかを、これらの推測は説明することができない。

私はここで、この著者の偉大なテクストの一つを少しばかり立ち入って検討する前に、ニーチェの著述の本質について、一つの仮説を提案したい。すなわち、あらためてニーチェが参照されるのは、彼の文化批判的、心理学的、哲学的専門知識（その輝きは今日に至るまで褪せていない）といった否定しようのない強みよりは、むしろ、ある弱みによって説明されるということである。この弱みはどんな強みよりも否応なしにわれわれの心を動かす。ニーチェが、いわばまだわれわれのもとにあるとすると、それは、彼がわれわれ現代人に優っている長所よりもむしろ、彼がわれわれ現代人と共有する不能による。ニーチェの未来を予感させる不能とは、彼が何がしかの専門家にはなれなかったということだ。彼は、あることを適切に専門的に行うことではけっして満足しなかった。ただ期待に応えるだけ、ということを彼はけっしてしなかった。専門分野の水準をクリアできなかったということではない。その反対だ。ニーチェの不幸は、彼が一つの、しかもたった一つの問題に徹底的に取り組むことではけっして満足できなかった、ということに尽きる。たしかに彼は、卓越した文献学者、洞察力の鋭い時代の批判者、道徳（や他のもの）の徹底的な分析者であった。しかし彼は、ある問題をきちんと、いやそれ以上に研究したことによって、いつも、それにつながるさらなる問題も研究した。そのため、乱雑という嫌疑が、彼にはいつもかけられたのである。一見したところニーチェの外的生活は、彼の二重の才能の犠牲になったかのように見えるかもしれない。存命中の彼の、ほとんど説明のつかない不成功は、そのことと関連するかもしれない。出版業者とのつきあいにおける彼のどうしようもない気まぐれは、そのことのじゅうぶんな理由とはならないし、同様に彼の死後に生じた爆発的な影響力も、それでは説明できないからである。彼の才能のそれぞれは、それだけでそれが専門性へと発展したなら、ひとつの立派な経歴となったであろう。ニーチェの文献学者としての履歴にその萌芽が見える。しかし、この人間のうちで諸力が束ねられると、それは、組織された文化生活の周縁でのいかがわしい特殊な実存とならざるを得なかった。束ねるというような言い方自体、正確ではない。ニーチェにとって問題だったのは、よくあるような多重の才能ということではないからである。ニーチェの才能は、相並んで存在する諸能力を集めたものではない。それらの能力は、実際のところ分離できず、また単に共存することもできない。この著者においては、あるひとつの力は他の力によってその力を発揮するのだ。彼は、多くの芸術家とは異なり、著作家であると同時に音楽家、詩人であると同時に哲学者、作者であると同時に理論家などであるのではなく、彼は、著作家としての音楽家、哲学者としての詩人、理論家としての著作家なのである。彼は、他のことと並んであることをしたのではなく、他のことをしたことによってあることを行ったのである。

ニーチェはその言語とこれらの力との、この柔軟な絡み合いによって、今日に至るまで読者に過大な要求をしている。わかりやすさということと、彼のように悪意のあるゲームをした人はいない。明白な形で書かれていることや、目次にしたがって再構成できる内容だけに頼るなら、ニーチェはまったく理解できない。とりわけファッショ的なニーチェ読者は、意味論の彼岸にあるニーチェの大きな戯れ、彼のポスト形而上学的な身ぶりの音楽を追体験することのできない、内容主義の粗野な馬鹿者であったし、また現在でもそうでである。ニーチェの活動にほんとうの意味で近いところにいるのは、この、明白な形で書くことによって「多弦的で」、流浪し、豊富な調を奏でる著者のふるまいを見る者である。トーマス・マンは、ニーチェを文字通りに、つまり内容の固定と意味論的還元で文字通りにとる者は途方に暮れる、と述べているが、それは正当である。ニーチェ自身、彼の著述のなかの間接的なもの、混合されたものに対する鋭敏なセンスを持っていたし、したがって一生の間、彼は根本において、文学へと漂着した作曲家であるという評価を拒否しようとはしなかった。彼も自身のことを、人類から離れて芸術的・神的なものへと漂着した哀れなやつ、と考えていた。「愚者にすぎない、詩人にすぎない。」自信にみなぎっていた時期には、彼は自分のことを表現力の豊かな出来事総体とみなしており、芸術を理解しない俗物でもない限り、通例の文学的、文献学的、哲学的基準で評価することはありえないと考えていた。彼は自身を、思索の分野でリヒャルト・ヴァーグナーと並び立つものと理解していた。ヴァーグナーの美的デーモンも同様に、一つのジャンルだけで全力を尽くすことに満足せず、総合芸術の理念、あの象徴による催しものを思いつき、そこで全ヴァーグナーをマルチメディア的、共感覚的に上演しようとした。

ニーチェの特色は、文学的な舞台を開発したところにあるが、この舞台を彼はヴァーグナー流のオペラ的共感覚なしで成立させなければならなかった。ニーチェは書くことに自身の舞台を委ねざるをえなかったのだが、その舞台は単に文学的なものだったわけではなかった。彼と親しかった友人や同時代人は早くから、練達の文章家の心のなかに他の力も働いていることに気づいていた。すなわち音楽的・予言的エネルギー、独裁的・宗教創設者的な激情、精神療法的・改革的・教育的・芸術煽動的衝動である。ニーチェ自身、ヴァーグナーについて、「遮られた才能」という小論を展開し、そこで鋭い洞察力をもって、ヴァーグナーの気質のなかには俳優のようなところがあって、自身の前代未聞の要求を叶えるのに適した舞台がないため、自分で楽劇の宇宙を創造することへと転じたのだ、と書いている。しかし、ヴァーグナーが反抗する音楽家から作曲する文化改革者へと、自らを不断に発展させていった一方、ニーチェは、「文献学者であり言葉の人間として」、彼の衝動のスペクトル全体を、著述という幅の狭い表現形式のなかにまとめなければならなかった。

以上のことによって、われわれは、ニーチェの最初の著作『音楽の精神からの悲劇の誕生』にたどり着いている。この著作は、自己を単なる学者としては不能にする芸術の生命を守ろうとする者すべてにとっての必読書である。この芸術は、失敗した学者、鈍感な文献学者、精神を見失った哲学者にとっての待避所ではない。その反対に、この芸術で問題なのは、哲学プラスアルファ、すなわち翼をもった文献学、事柄に即した徹底性から真の哲学的反省のレベルへと上昇する学問である。これから説明すべきことなのだが、『音楽の精神からの悲劇の誕生』はまた、過剰の精神からの楽しい学問の誕生でもある。この楽しい学問は、たしかにここではまだ若者の真面目さへの喜びとともにあるのだが。

次の出来事を思い浮かべなければならない。ニーチェは一八六九年、二五才そこそこで、どんな公的な業績の証明もなしに、彼の大学の師、ライプツィヒ大学の文献学の大家フリードリヒ・リッチュルの口利きのみによって、また当局の寛大な非官僚主義のおかげで、バーゼル大学古典文献学の教授職を得た。リッチュルは推薦状で、自身の推す候補者について次のように述べている。

このニーチェほどかくも早く、かくも若くしてすでにかくも成熟している若者を、私はいまだかつてけっして知らないし、私の専門分野で力の限り援助しようとしたことも彼以外にはありません。（中略）神のご加護で彼が長い生涯を送ることができるなら、彼はいつの日か、ドイツ文献学の最高位に達するでしょう。彼はここライプツィヒでは、すべての若き文献学者の崇拝の的であり、また（彼自身はそれを望むことなしに）指導者でもありますが、この若い文献学者たちは、（中略）大学講師としての彼の講義を聞くことができないわけです。私がまるで天才のことを話していると言うかもしれませんが、しかしまさに、彼は天才でもあり、また愛すべき、謙虚な人柄でもあります。また彼は、ここでは直接関係のないことですが、才能のある音楽家でもあります。

リッチュルはこの最後の点では判断を誤ったことになる。ニーチェの音楽性と彼が文献学者であることとの関わりは、彼の師が博士号を持たないこのアウトサイダーのために行った、この荘重ではあるが記述的でしかない推薦文で言おうとした以上に密接なものであった。「ここでは」、つまり招聘手続きでは関連がないと言われたことは、ニーチェがバーゼルに移ってすぐに、決定的なものであることが判明した。リッチュルはたしかに「天才」ニーチェを本能的に感じ取っていたが、しかしその核心である音楽的・理論的二重資質は把握していなかった。その際、音楽的という語には、単に狭義の作曲することや演奏することだけでなく、壮大で語りえないものの活動的な塊全体が若き文献学者のうちで作用していたことを、そこに含めなければならない。上昇志向の強い、過度に勇猛な、野心に満ちた彼の生の渇望と表現の欲求である。そこにはさらに、予言的・改革的な内声を表明しようとする意欲も属するが、そうした声の背後には、これは医者の診断でもなければ、心理学の押しつけでもないが、早死にを惜しまれ、理想化された父親、プロテスタントの牧師カール・ルードヴィヒ・ニーチェの声を推測することが許されるであろう。もちろん一般的にはニーチェについて、こんなタイトルが付けられるかもしれない。「牧師館を追い出された子どもたち、あるいは、躾がよすぎた場合」というタイトルである。

いずれにしても、音楽は、新たに招聘された教授の最初の学問的発言のなかで、すでにその片鱗を見せていた。ヴァーグナーとの出合いは、文字の学者の弁舌を滑らかにした。

音楽家が文献学者によって演奏し始めたのである。このありあまる才能に恵まれた者が、ショーペンハウアー、ヴァーグナー、そしてギリシア人から習得したもの、すなわち古代の現代への反響、音楽の形而上学的内容、そして悲劇的・アウトサイダー的偉大さに対する鋭敏な感覚、これらすべてのモティーフが、ここで、つまり非凡な学者の最初の文学的行動のなかではじめて、大きく華麗な管弦楽に編曲されてハーモニーを奏でた。ケンタウロス的才能は、その表現形式としての言葉を、より正確に言えば、言葉の混合物を発見しかかっていたのである。

こうした庇護のおかげで、一八七一年から一八七二年にかけての冬に、ニーチェの輝かしくまた破局的なデビューとなった。この栄光は文化史の一頁となっており、諸文献がその輝きを記述している。破局の根拠は、本質的には次のことにある。すなわち、ギリシア悲劇の誕生についてのニーチェのヴィジョンは、好意的な読者がそこに期待する以上のもの、それどころか著者自身がこの段階で見通すことのできた以上のものを含んでいたということである。有名な一八八六年の自己批判的序言は、そのうちのいくつかを明らかにしている。しかし、またそのおかげで他のいくつかは見えなくなってもいる。というのも、初期の彼はそれほど「男性的に」は書いてはいなかったにしても、後期の彼には優っていた点があり、それを後期のニーチェは認めようとしなかったからである。「自己批判」は、文体上の立派な業績であると同時に、否認という点でも立派な業績である。初期のニーチェの真理すなわち根源的苦痛への洞察が、後期のニーチェの「真理」すなわち力への意志のテーゼによって抑圧されてしまうからだ。このことは、初期の誘惑理論を、後期の衝動理論のために放棄したフロイトの同様の展開を想起させずにはおかない。

たしかに才能を確認するには、それなりに適切なチャンスだったであろう。他によりよいと言われた候補者がいるにもかかわらず自分が招聘されたことが、単におとぎ話のような褒め言葉をもらったためではなく、すぐれた学者にして思想家の公正な後見によるものだったことを証明したかった、ということはよく理解できる。すなわち予測されたのは自己顕示、自身の優越性の証明、あまりに容易に獲得された学問上の地位の実証だったが、彼はそれより多くのことを欲し、実際それより多くのことができた。輝かしい存在であることを示すための最初の機会をとらえてすぐに、ニーチェはそのヴィジョンを、受け取る者が不安になるほど過剰に展開した。それは百年後にも、なお唖然とするほどである。ギリシア悲劇成立の経緯がどんなものであったか、その詳細に興味を持つような者がいただろうか。そもそも救いようのない一部の古典文献学者を除けば、古代の山羊の歌やディオニュソス劇の上演に際してのアッティカの観客の精神状態に関する憶測に、いったい誰が熱中するだろうか。そうした頑迷な素人的な問いを、今日もはや真剣に提出する必要がないのはニーチェのおかげである。ニーチェの天才的な業績によって、文献学は刺激され、力ずくにせよ部分的には文献学以上のものとなり、本来きわめて専門家的な文献学的関心が、哲学的・心理学的な人間の問題――現代のディスクールにおいてこの人間という語をまだ恥ずかしげもなく用いてよければ――となるという結果がもたらされたのである。

ニーチェのデビュー作は結局のところ、リヒャルト・ヴァーグナーとの長大な対話にすぎない、としばしば言われてきた。父親のような友人を求めること、その友人の英雄的・非道徳的な芸術支配者気質という鏡に映る自分の姿に恍惚として見入ること、というのである。実際『悲劇の誕生』はヴァーグナーの影響なしには考えられない。アポロンとディオニュソスという一対の不吉な神々は、すでにヴァーグナーが自分のために使用していたし、古典的オペラの批判も、また救済劇による新ドイツ・ルネサンスの理念もヴァーグナー流のものである。ニーチェは一度、ヴァーグナーならこの本をもっとうまく書けただろうと、おもねるように述べている。しかし影響関係を認めたことによって、『悲劇の誕生』で起こった出来事を理解することはできない。ヴァーグナー主義、ショーペンハウアーの形而上学、古典文献学的実証など、いくらでも合算することができるが、しかしその合算はけっしてニーチェには至らないであろう。なぜなら、たとえ典拠や先行事例から何が組み立てられようとも、決定的だったのは、ケンタウロスの誕生、すなわち芸術的・哲学的な二重の雄弁術が解き放たれたという事実であって、ニーチェの諸衝動がそこで初めて効果的に束ねられ、無限の影響を及ぼしたのだ。そんなふうに書くことができるのは、自分の想像上の読者がすでに自分を支持してくれていると確信しており、したがって、現実の読者を得ることができるかどうかはもはや心配しない人だけである。それゆえニーチェは、学問的な過失を犯すに際して、夢遊病者のような確実さを持っていた。彼は、その非専門的な名人芸にもかかわらず、自分と類似の偉大な精神の持ち主が住んでいる高みに向けて説教する。その高みとは無縁な者にとって、それはますます憂慮すべきことである。一八七二年一月のヴァーグナー宛て献呈本のニーチェの添え状では、「いまなお何も学ぼうとしない文献学者たちに報いがありますように！」と書いている。こうした態度に、遅かれ早かれ誇大妄想という言葉が浴びせられたのは、やむをえないことだった。この語を最初に口にしたのは、おそらくリッチュルである。それに対立するのが、ヴァーグナーの熱狂的な反応である。コジマの証言に従うと、マエストロは若き教授の本のために幸福のあまり涙を流したという。それは信じられないことではない。ヴァーグナーはニーチェの鏡映文字にヴァーグナー自身の思想だけを読み取り、この鏡像がもう一つの別の自己意識による挑戦であるかもしれないという疑いを一瞬たりとも持つことはなかった。ニーチェ自身も、明らかにそのように考え、したがって彼自身の成長を、外化と自己発見の弁証法から理解しようと試みている。他者への崇拝に、自己自身の解放への不可欠の通過点を見たのである。すでに『悲劇の誕生』出版のすぐ後で、ニーチェは、ヴァーグナー崇拝に完全に吸収されることに抗した彼の自我へのこだわりを、古代人の競技の理論を手掛かりにして説明している。

ギリシアの競技観念の核心は、彼らが単独支配を嫌悪しその危険を恐れるため、天才に対する防御手段として第二の天才を欲するということにある。あらゆる才能は、戦いながら発展しなければならない、古代ギリシアの民衆教育はそう説いている。

［邦訳2巻『悲劇の誕生』「ホメロスの競争」三二六―七頁］

この天才主義は、奇妙であまり見栄えがよくないということ以上に、心理学的な理由からわれわれのさらなる考察にとって重要なものとなる。ニーチェの時代には、自分にはすべてが許されているというような天才的・芸術的な雰囲気のなかでのみ、あのケンタウロス的創造が可能だった。そのなかから後にはケンタウロス、つまり芸術と理論からなるふたいい、たなり、原則的なものと偶然的なものとの刺激的な融合が生じたのだ。ニーチェはすでに一八七〇年二月、彼がバーゼルの教授職に就き、ヴァーグナーの解放的な影響のもとで、改革へ向けて鼓舞された、文献学のための最初の雄弁な試みを企てた後で、彼のケンタウロス的文学への予感を表現した。当時彼は、エルヴィン・ローデに宛ててこう書いている。

学問、芸術、哲学が、いま私のなかで一体となっているため、私は少なくとも、いつかケンタウロスを産むでしょう。

明らかにニーチェは、職業上の要請、すなわち表現を専門で一般に行われているものに制限し、いわゆる実存的残余は私的なもののうちで処理せよという要求に、天才主義のもとでのみ抵抗することができた。それゆえ著者の天才ふうの態度は、何か理由のある立腹として、また共感できる不能として理解される。その立腹は学問という自己不具化への立腹であり、その不能とは専門性という愚かさに堕することへの不能なのである。

したがって、ニーチェの文学的ケンタウロスをエッセイの概念のもとに把握し、それにより、ジャンル概念の背後に隠れている文明のドラマを、たとえ寛大なものであるとはいえ、そのような言語規定によって処理しようとすることは、いかにも分かりやすいが、しかしまた的はずれでもある。エッセイという語は、それ自体、ひとつの侮蔑的な響きを持っていて、まるで力不足についての弁明のように聞こえる。開かれた形式、緩んだ論証、修辞法上の自由、証明からの自由——これらすべては、情状酌量を求めているかのようだ。

われわれは多くの場合、緩めることを退行と、自由を踏み外しと結びつけて考える。厳密な知性にあっても時折そうした緊張の緩和が必要である限り、職業気質と真面目さに支配された精神もエッセイと呼ばれる保護区を容認する。そしてそこでは、すべてはそんなに厳密に取られない。

けれどもニーチェの著述については事情が異なる。ニーチェが自己抑制しない場合、レベルは高まる。彼がその水門を開くと、主張は過激になる。彼が気まぐれに従うと、彼の規律は強まる。それゆえニーチェのケンタウロスはいつも、上方への踏み外しである！

ここで現れ始めた問題は、広く影響を及ぼすものであるため、それを他の言葉でもう一度定式化しようとすることは正当な試みと思える。どのような言い方がされるにせよ、ある統合的な実存においては、世界認識と自己表現とは密接な関係にある。それらが近代の条件のもとで一般に一体化しうるどんな場合よりも、密接な関係にある。諸々の才能を近代が分業した結果、学術的に整理された認識に仕える態度は自己表現に敵対する傾向にあり、他方、自己表現のための態度は認識に敵対的な傾向を示す、ということになっていないか。すなわち科学主義と唯美主義は、モデルネの典型的な相互補完的な愚行ではないのか。そしてそうした条件のもとでは、学問と技術に組織されている認知的なモデルネと、アクチュアルな芸術生活に定着した美的なモデルネとの関係は、引き裂かれそうなほどに緊張したものであらざるをえないのではないか。あるいはそれは、あっさりと、明白な対立関係と言うべきものかもしれない。

これらの問題がここに示唆されたような状況であるとするなら、いまだにきわめて反時代的に、ゲーテの芸術と学問という二重の星を信じているような個人はいったいどうなるのだろうか。近代の全体性の約束を最初から単なる詐欺とは思わなかった、素朴で強烈な個性はどうなるのか。時流にかなったシニシズムと細分化の標準に少しだけ取り残されている、熱狂的な性格の持ち主は何をすべきなのか。『悲劇の誕生』の著者の場合、若きニーチェが、プフォルタ校の人文主義、ショーペンハウアーの禁欲のパトス、ヴァーグナーの天才主義をいっぱいに吸い込んだにもかかわらず、結局は職業的、ジャーナリズム的企てに際して分業の精神に屈服し、職業政治的戦術の強制で自己を束縛することになったのだろうか。全体としての人間は、一気に動かなければならない（The whole man must move at once）——リヒテンベルク〔訳注：Georg Christoph Lichtenberg 1742-1799 ドイツの科学者・諷刺家〕も一度同意しメモ帳に記入したアディソン［訳注：Joseph Addison 1672-1719 イギリスの詩人・エッセイスト］のこの文を、ニーチェもまた自身のモットーとして選んだかもしれない。人間は自己を、全体として、自身の言葉で表現しなければならない。

おそらく今日の知的感受性にとってニーチェが放つ強烈な輝きは、彼が、諦めることのできないモデルネの夢を想起させることによる。彼は、たとえ大きな犠牲を払ったとはいえ、学者として芸術家であり、芸術家として学者であるということをやってのけた。そこで今日のわれわれを魅了するのは、この選択の大胆さではなく、その自明さである。しかし彼は、研究する美学者および美的研究者としての二重の発言が容易な印象を与えることによって、分類不可能な奇妙なものとして扱われるはめになった。それは、どこにもあるかもしれないがゆえに、どこにもない奇妙なものである。ニーチェは、その常軌を逸したポジションによって、文化心理学的スキャンダルと感覚錯誤に気づかせてくれる。すなわち、予断を持たない知能にとっては自明であろうことが例外として賛嘆されるということ、そして、束縛に対する健全な嫌悪の結果として自然に生じることが越境行為として賛美されたりまたは中傷されたりするということである。この点から見ると、われわれは、ニーチェの天才主義を彼の遺産から除いて考えて問題ない。おそらくかつては天才崇拝という貴族的ポーズによってのみ可能となったことが、今日では境界に対しての平然たる不敬によって実現する。そうこうするうちに、科学的愚行と分業による精神欠如に対抗するためには、非専門化などという小賢しい理論すら必要なくなった。そもそも抵抗は、いまでは、専門家の鑑定を必要としない。注意深さで十分なら、何のために批判的理論が必要か。しかし注意深さはすぐれて、ひとつの文学的な美徳である。批判的理論の欠点を今日容易に克服するためには、文学を分離された美的世界として知覚することをやめればよい。文学はそのように美的世界として分離してしまうと、その特殊性によってまたもや特別な事柄となり、新たな愚行の成果となる。おそらくもっとも広義の文学は、ケンタウロス的現象における一般的なものにすぎないのだ。だとすれば文学は、自由な精神の持ち主、引き離された諸領域の間を頻繁に越境する人、さらに関連性の防衛者のためのリングァ・フランカ（混成語）ということになるのではないか。その徴候は、久しい以前からじゅうぶんに存在する。著述家たちが「多言語性」によって二重の注目を浴びるときはいつも知識人の文学的雄弁術の総体があって、彼らはそれを超えるよう挑発するところにしか境界の価値を認識していないように見える。E・T・A・ホフマンからジークムント・フロイト、ゼーレン・キルケゴールからテオドール・W・アドルノ、ノヴァーリスからローベルト・ムージル、ハインリッヒ・ハイネからアレクサンダー・クルーゲ、ポール・ヴァレリーからオクタヴィオ・パス、ベルトルト・ブレヒトからミシェル・フーコー、ヴァルター・ベンヤミンからロラン・バルト――コミュニケーションを強くめざす精神の持ち主はいつも、ケンタウロス的天才の気質、その変種として現れる。

ケンタウロス的著作の元型とも言うべき『悲劇の誕生』は、著しい文化的真空状態のなかで、そして驚くほどの世間の沈黙のなかで公刊された。にもかかわらずそれは、ある私的なエピソードとか、ヴァーグナー崇拝に関する脚注の一つなどとして扱われるべきものではなかった。読者のなかには、この小さな本には期待するに足る何かが生じていると感じた者もいたが、しかし全体としてのその直接的影響は、ボン大学教授ウーゼナーが言うように、著者が「学問的に死んだ」と思わせたことだった。しかしまた、この密度の濃い、激越な小作品に未来を孕んだものを感じた者も、いったい何が問題なのかを言うことは困難であっただろう。ようやく後に、『ツァラトゥストラ』がニーチェの世界的名声への道を開いたとき、初期の作品で示唆されていたことが明らかとなった。ニーチェの構築した文化的な舞台はバイロイト・ルネサンス以上のものを提供するはずだった。それは、類い稀な暴露、危険きわまりない文化的価値転倒、精神力学の人文主義への前代未聞の侵入を見せるための舞台だった。周囲の世界は当然のこととして、ワイマール版のギリシア的個人主義が忠実に古代風に推進されることを期待したのだが、このケンタウロス的文献学者が舞台で示したのは、市民的個人が最も危険で蓋然性の高い崩壊過程に身を委ねざるをえないということだったのである。ギリシア精神は突然、人文主義的自己彫琢のための適切な鏡でも、礼儀正しい節度と教養市民階級的明朗さの保証人でもなくなった。突然、古典的主体の自律性は過去のものとなった。上からも下からも、つまり聖なるものからも動物的なものからも、一定量の非人格的なものが、人格という造形された形式に侵入し、そして人格は陰鬱な予期せぬエネルギーの活動の場となり、匿名の世界の諸力の共鳴体となった。市民的文化の歴史のなかでギリシアへの熱狂は常に個人主義の中核として機能し、そして古典文献学は人文主義的人格崇拝の制度的な支えとして作用してきたが、いまやすべての専門分野のなかでも最も慎重な分野で、主体の自律に対する近代的信仰が転覆したのである。

したがって、専門家たちが途方に暮れて黙りこんでいたのは、少しも不思議なことではない。ただ一人だけが、困惑から憤激へと避難し始めた。理解しようとしないという態度を、自分の方が専門家であるという態度に変更しながらである。学位申請準備中のウールリヒ・ヴィラモーヴィッツ・メレンドルフは、所有する前に自分の世襲農地を守ろうとする正教授のような弁才を揮った。実際、後の彼は、彼がニーチェによる転覆に対して擁護しようと努めた諸価値の枠内で大いに出世したのである。ヴィラモーヴィッツがヴァーグナーの未来の芸術への軽蔑的な当てこすりを込めてニーチェに対して投げかけた「未来の文献学」という標語は、侮辱の言葉であるにもかかわらず予言となった。ニーチェの試みが、古典言語および古典文化の研究の方向を示すものとなったという意味でではない。嘲弄的な言葉は、その意味を転倒させることによって真となったのである。文献学は、より生き生きとしたものにはならなかったが、しかし生き生きとしたものが文献学に近づいた。ニーチェによって、現存在と言語との対応関係を前代未聞の方法で追究する、未来の文献学が生まれたのである。

Ⅱ　実存の文献学、諸力のドラマトゥルギー

「傷つけられた虚栄心こそ、あらゆる悲劇の母ではないだろうか？……

よい俳優とはみな虚栄心の強い者たちだ。彼らは演じ、そして、人々が喜んでそれを見ることを欲する。彼らの全精神はこの意欲にこめられているのだ。

彼らは自分を演出し、自分を創作する。彼らの近くにいて、生を見物するのを、わたしは好む。それは憂愁をいやしてくれるのだ。」

〔邦訳九巻『ツァラトゥストラ』「人間と交わるための賢さについて」二六〇―一頁〕

ある種の重要な芸術理論においては、ある事象について論ずるとき、論じられていることとの内容が論そのものに影響を及ぼす。『音楽の精神からの悲劇の誕生』は、文化におけるディオニュソス的諸力とアポロン的諸力の両極性についての宣言であるだけではなく、それ自体が沸き立つエネルギーと抵抗するエネルギー、陶酔したエネルギーと厳密に規定するエネルギーのぶつかり合いだった。それは、単に古代のディオニュソス的芸術宗教の出現を扱っているだけでなく、それ自身、新興宗教特有の熱狂の身ぶりで新旧の英雄についての言葉による聖別劇を演出している。音楽となって顕われる世界苦から悲劇が誕生したことについて語るだけでなく、それ自身、修辞的なノクターンとなっており、その旋律は、厳しすぎる洞察が絶望なしに聞き届けられるよう、文章を整え勇気を奮い立たせたなかに響いているのである。

芸術について芸術に即して語ることによって、ニーチェの初期の著作は、それ以後美学理論の分野に登場する多くの理論にとっての模範となった。それは、学術的に形成された主体が、学術外の実存を想起する語りである。文献学者ニーチェはここでは、古代についての理論という建前のもと、自己の現存在と現代の情熱に向きあっている。美学と学問との間で、間接話法の信仰告白とも言うべき新しい芸術が生まれる。[1] なぜなら、ある著者が、歴史的事実を一顧だにせず、超然と、ギリシア精神およびその悲劇的な魂の根底を新たな像として描くとき、それは自身のサイコドラマを提示すること以外の何になりうるだろうか。この像は、後期ロマン派の諸特徴を帯び、また世紀末のパトスを示している。ギリシア神話を市民的ペシミズムの形而上学に、古代の英雄の苦しみを近代の分裂の身ぶりに翻訳してもかまわないかのようである。けれども、この関連で決定的なのは、叙述の歴史的適切性であるよりむしろ、同時代を投射しようとするその強度である。このモデルネの文献学者はその自己探求において、文献学的手段によってはもはや処理できない古代の痕跡に逢着する。シュリーマンが、数千年にわたり覆い隠されていた丘の廃墟から、彼の幼年時代の真の夢を掘り出したのと同じように、ニーチェは、彼の文献学的発掘によって埋もれていた舞台の層を明るみに出した。その層の真理は、古代研究や近代個人主義の自己意識よりも古く、また過酷である。どちらの場合もこれは、いわば精神の考古学における発見である。そして、ニーチェの幻覚の古代舞台で歌う山羊は、狂躁的恍惚状態にある古代のサテュロスというよりはむしろ、その育ちのよさという不幸と文化における不満に苦しむ模範的な近代的主体である。

ここでもまだ、近代的主体という言葉を用いることは許されるのだろうか。われわれの文化的古代を掘り出すニーチェの作業の結果はまさに、古代のドラマの力によって近代的主体の基盤を揺るがすことではないのか。そう、問題なのは、精神分析的な意味での主体の基盤を揺るがすことや転覆ではなくて、むしろもっと重要なこと、すなわち、存在論的非現実化であり、非人格的エネルギーの奔流であり、主体が敵対的な諸力、対立的な「自然の芸術衝動」の結果へと回収されることではないのか。自我は、構成的な自律性の夢ともども、ディオニュソス的な生と性の力がアポロン的な見る快楽および夢見る快楽と出合う、非現実的な縁ということになろう。このように考えると、主体性とは、宇宙における主体なき一定量のものの戯れに付随して起こる現象ということになる。意図のない荒々しく沸き立つような自然過程のなかの、自己保存と自己浪費との間の鬼火のように揺れ動く中間領域ということになる。

ここで当然、次のような問いが念頭に浮かぶ。いったいモデルネの最も神聖なもの、すなわち主体の自律性という道徳的定説を傷つけることに恐れを知らないように見える文献学とは、いかなる類のものなのだろうか。ニーチェが、主体性の原史へと拡大するようなドラマの理論の定式化を主張するとき、彼がこれ見よがしに立った舞台は講座の演壇ではもはやなく、また、市民的・学術的役割演技の基盤となるものでもなかった。

しかし、未来の文献学者の舞台とは、どのような舞台なのだろうか。その文化的な地位は、ニーチェの時代にはおよそ一義的なものではなかった。それは今日に至るまで依然として一義的でない。深層心理学あるいは精神分析の敏捷な連想をもってしても、この問いには答えられない。というのもそれは、何か根本的に非一義的なもの、逸脱的なもの、否定的なものの偽りの肯定的名辞にすぎないからである。いずれにしてもそれは、ふたたび偽りの肯定的命名のリスクを冒して言えば、近代の諸個人が自己探求のドラマを上演する、そういう舞台であるように見える。そうした舞台に上げられることで理論は、ドラマトゥルギー的に多孔的なものとなり、思想家の強い衝動に満ちた実存的緊張に射抜かれる。その結果、粛々と始まる文献学も冒険的な企てとなることができる。いまや理論は、思考担当者によって操られ改造される論証マシーンではなく、生が「認識者の実験」へと変わる舞台を意味することになる。

舞台に上がる者は、ある特殊な意味で自分を目立たせようとする。自分自身を暴露しようとするのだ。舞台に上がる者は自身をあるジレンマの仮面と感じており、そのジレンマを白日の下で極端に押し進め露わにするために舞台に上がるのだ。そうした実存的に引き裂かれた思考は、いわゆる堅実な研究を侮辱しようとしているわけではなく（堅実な研究の方ではたいていの場合、どうしようもなく鈍重に、そのように感じてはいるだろうが）、それらの研究の精力的な補完を目論んでいる。このように思考する者は、自身の仕事の量を減らそうとしているのではなく、より多くのリスクを負おうとしているのだ。思想家として舞台に上がり、ひとつの実験的な実存の代弁者たらんとする者は、そのときから、彼の観念の直接的、間接的な真理価値に対する包括的な責任を引き受けなければならない。同時に、彼が述べるすべてのことは法廷で彼にとって不利に用いられることになる。彼にとって不利に、とはしかし同様に彼にとって有利に、ということでもある。そしてこの権利は、根底からの自己放棄によって狭量な利得損失の彼岸にある者にとっては、重要な意味を持つ。

「法廷で」――それは第二の舞台を暗示している。そこに登場するのは、理論の冒険者であり思考の英雄である彼自身ではもはやなく、その批判者、支持者、彼の暗示を受け入れてこの先駆的思想家にその示唆の責任を負わせる権利を得た者すべてである。

二重の舞台のイメージ、すなわち、一つは、そこで思想家が自己を晒し、巻き込まれる舞台、もう一つは、そこで同時代や後続の思想家が第一俳優の真理を自己自身に転用する可能性をテストする舞台、この二重の舞台のイメージによって、ニーチェの著述が、その読者と後世とに対してどのような特殊な関係にあったかが、最もうまく特徴づけられるであろう。

ドラマとなった反省が、真に「認識者の実験」であるなら、この実験から生まれる認識は思想家の自己実現、誤謬は思想家の自己過失と見なされなければならない。舞台の上の思想は、諸原理からの論証的演繹といった近代の図式によってではなく、賭けとか神の裁きといった古代のモデルに従って真理を生み出す。ここで真なるものとして現れるのは理論的に最も説得力があると証明されたものではなく、治療薬剤的［apothekarisch］な真理概念に従って、生が成就するために最良と実証されるものである。舞台の上の思想家が自身についての真理を提示するとすれば、それはおのずと、思想家が自身になる生成の過程にあったのだということになる。彼が過失を犯すとき（この点では古代の英雄に比較可能だ）、彼の仮説と彼自身についての真理は、彼が自身のジレンマに屈し、自身を把握できないという不能ゆえに挫折することによって明らかになる。

ニーチェは、読む者が望むように考えてかまわない思想家ではあるが、しかしある一点において、敵対者にも感銘を与えることは間違いない。実存的な真理リスクへの覚悟ができていたという点で、彼は近代の最も大胆な思想家だった。並外れて危険に思考するということを、彼は彼自身のすべてで贖った。彼が新たなディオニュソス的英雄であることを証明するはずの舞台演技は、結局のところ、彼自身が時代に即した英雄であることを証明した。つまり自己反駁の英雄である。野天の舞台でポーズをとり反省しながら、彼は容赦のない自己暴露に身を委ねた。彼が彼自身になるという試みのなかで、彼は、最も苦痛に満ちた喜劇に巻き込まれた。それはつまり、彼が彼ではないもの、英雄、超人、超男性になるという喜劇である。それゆえ彼の英雄的な真理探求の最大の発見は、自分では意図していなかったような発見だった。彼は、英雄主義とは、ある根源的な暴行[2]の継続であるという真理を暴露したのである。

ニーチェが真理の舞台への登場のために捧げた第一の犠牲は、彼の学問上の名声だった。ニーチェの果敢な試みと古典文献学という専門分野の慣習との間のグロテスクなまでの隔たりを推し量るためには、おそらく古典文献学の日常と、場合によっては断念を強いる、場合によっては卑屈な、その判読と字句への拘泥を含んだ批判的方法のふるまいについて、ある程度、知っておかなければならない。ニーチェが実行したことは、文献学から哲学への、単なる学部の変更ではなかった。それは、まさに学問上の自殺に等しいものだった。以後、ニーチェは古代について、もはや一人の古代研究者のように論じることはない。彼がさらに引き続き古代を参照する場合、それはいつも、初期ギリシアの神秘との内面的同時性から語る、近代の秘教司祭としてであり、狂宴の指導者としてである。ディオニュソス、アポロン、アリアドネ、スフィンクス、ミノタウロス、シレノス——これらはこれ以後、もはや現在の諸力に対する神話的な名であり、鋭い痛みに対するアレゴリーにすぎなくなる。モデルネとはもはや、固定されない現代の太古に対する突発的な反発を表すだけではなく、ニーチェにとってそれは同時に、ギリシアの基本的真理の再発見に対する、ほとんど偶然的な出発点となる。（知的ハビトゥスから見れば、ジーグムント・フロイトは一世代後に、ニーチェの間接的な弟子のうちで最も師に忠実であることを示した。というのもフロイトもまた、彼の心理学的見解を、時間を越えた近代の神話の言語で定式化しようとしたからである。）

しかし、そうしたアクチュアリズムは、どのようにして可能なのだろうか。近代的な個人はどのようにして、歴史的意識のすべての規則に逆らって、時代的にも文化的にも自分からはるかに遠ざけられた対象との同時性のうちに身を置けるのだろうか。一近代思想家にはどのような権利があって、二千五百年の隔たりを抹消し、初期ギリシアのドラマについてそれが自身の内密な経験であるかのように語るのだろうか。思考の舞台でニーチェがどのようにふるまっているかをよく見れば、二つのことがこの問いへの答えであることが分かる。

第一に、ニーチェは、舞台から言葉を発するよりも前に、ギリシア人についてまもなく「何か偉大なこと」を披露すると事前に決心したことによって、すでに舞台に立てる身支度ができている。先に彼の英雄主義と呼んだものは、単に著者の心的性向だけを意味するのではなく、それは歴史的素材の取り扱いに関する方法が事前に選択されていることも意味する。ニーチェは初期ギリシア精神に、ファウストが地霊にするように呼びかける。ある精神は他の精神に対してどのように語るのか、と。そして、それに対して自身で次のように答える。ギリシア精神はその最も深い神秘について、バーゼル大学の某教授を使って語るのだが、その教授は真理という古代の貴婦人とスキャンダラスな親密さを持ったがゆえに、やがては笑いものにされ過去の人となるだろう、と。すなわちニーチェの根底からのアクチュアリズムは、初期ギリシアの思想と文学に関した彼の天才主義の典型的な表れである。けれども天才主義は本質的に精神的同等主義、つまりある種の精神性は同等のものにしか理解されないという確信である。この場合は、偉大なものは偉大なものによって、深みのあるものは深みのあるものによって、苦しむものは苦しむものによって、英雄的なものは英雄的なものによってしか理解されない。たしかにニーチェの精神的同等主義は、ヨーロッパの精神史をたった一つの偉大な魂の変遷として構想するところにまで至った。その道は、ホメロスとヘラクレイトスから、カントとショーペンハウアーを経て、ヴァーグナーとニーチェにまで通じており、当然のことながら、この孤独な高みで耐えるのは思想家のほかには鷲だけである、というわけである。

第二に、ニーチェがギリシア精神をアクチュアルに呼び出せる前提として、彼の歴史哲学的要求がある。ニーチェが予言者的ギリシア主義者として舞台に上がるとき、彼は、単に精神的に同等の思考英雄の仮面をつけるだけでなく、一人の歴史哲学者としての仮面もつける。より正確にいうなら、歴史神話学者の仮面である。この歴史神話学者の全権を委任された彼は、過ぎ去った二千五百年を、大げさな身ぶりで大雑把に、単純な波状運動あるいは円運動にまとめてしまう。初期ギリシアの悲劇的意識が最初に持っていた深みは、ソクラテス的「啓蒙」という形で確固たるものとなった世俗的で楽天主義的な世界観によって失われた。ただしその「啓蒙」の根拠のなき皮相さは、自己自身を公然と非難し、そして遅かれ早かれ、悲劇的意識の再生に行き着かざるを得ない、というのである。だからヨーロッパの精神史は、興隆、没落、帰還の間を循環する、あるいは波動するようなただ一つのモティーフの上下動となる。ニーチェの歴史構成には、神話の原始的な循環性がある。循環するのは、生き物のように生まれ、再生を確信しながら死ぬ、あの英雄的ペシミズムである。かくしてわれわれは、古代の三拍子に出会う。ギリシア音楽の精神からの悲劇の誕生、いわゆる啓蒙の楽天主義的な皮相化ゆえの悲劇の死、そしてドイツ音楽の精神からの悲劇の再生（これが、ヴァーグナーに刻印づけられた現在である）の三拍子である[3]。

神話的語り部が、歴史家として現実にあった事件について報告することはない。彼は、埃で灰色になった文書保管所を去り、競技場、あるいはより正確には分娩室、すなわちヨーロッパ文化が悲劇的なものとして蘇る場へと足を踏み入れる。それによってこの歴史神話学者は彼自身、今日、あるいは遅くとも明日にはこの世に生まれる出来事の助産婦となる。それどころか、ニーチェは悲劇の産科医として精神の産道の前に座り、来るべきものを待つだけでは満足できない。彼はみずから、ひそかに、しかし抗しがたい吸引作用に引き付けられるように、再び産む者の役割を演じ始める。彼は告知の熱意のあまり、産科医と神の子とが融合した妊夫となる。たしかに、ルネサンスの協力者ニーチェは、現代の楽劇を再び悲劇の高みへと導いた音楽的狂宴の巨匠ヴァーグナーを参照するが、しかしこの参照によって彼は彼自身を、巨匠が気に入るであろうその実現者、そのロゴスの具現者、その真の息子に任命するのだ。

このときニーチェは、近代の歴史哲学の基本構造が、叙事詩的ではなくドラマ的であることへの注意を喚起する。大きな歴史的出来事は、物語の形で想起されるのではなく、ドラマとして舞台化されるからである。[4] どんなに穏やかな調子で歴史哲学的テーゼを述べようとも、そこで問題なのはいつも、世界史的なものとして捉えられた出来事へのその話し手のドラマ的な介入である。進歩理論の信奉者は、その進歩の関与者、担い手、頂点を同定する者として、進歩の劇に組み込まれる。崩壊理論の信奉者は、告発、断念、忍耐のどのような形であれ、自身が崩壊の当事者であることを主張する。復活あるいは転換期を見る者は、助産婦として、転換の舵取りとして、場合によっては自身が再生の候補者であろうとする。そして没落を予言する者は自身を、終末期の文化の瀕死の人、泣き女、あるいは屍体利用者であると宣言する。シュペングラーの場合がそうだ。シュペングラーは、西洋の没落を診断することでは満足せず、自分のことを、ヨーロッパ文明の断末魔の苦しみをストイックかつシニカルに見守る、腹立たしいほど小賢しい近代の野蛮人の実例と思っていた。

この点からみると、歴史哲学的言語行為は、文化的な方向づけを与える言語行為の最たいるものである。自己の歴史的立場の記述は、自己の歴史的姿勢の質を規定する。しかしこれらの言語行為は、キャスティングされた演じ手が自身の文化の運命に介入する、あの思考のドラマの舞台以外、いったいどこで上演されるというのだろうか。いまやニーチェにおいてもっとも明瞭に——同例のことは、例外的にレーニンにもいえるが——次のことが認識される。すなわち、大きな歴史哲学的語りは、話し手を不可抗力的に［force majeure］突出させ、その際、この語りは先鋭化して、話し手の自己告知としての自己実現となる、ということである。この自己実現は必ず、特定の時点の傾向および潜在的可能性に埋め込まれているはずだ。ある現代の歴史神話学者が語るように、語る者はいつもまた、彼のうちでそのための機が熟したがゆえに語るのだ。それゆえ、タイミングに支配されたその発言はつねに、時宜に応じた機会的現象でもある。つまり最高の意味で、事態をしかるべきタイミングで、出来事を孕んだ言語と人格に圧縮するのである。舞台の上の思想家は自前の愚者としてではなく、彼自身の問題を追求することで彼によって解釈される特定の時点での世界の名において語る。適時性によって話し手の主体性は止揚される。思い上がりは吹き飛ばされ、出来事へと変容する。しかしあらゆる本質的な歴史的時点は、ベンヤミンが記したように、一つの「危機の時点」である。この危機は、すべての主体性を隷属させる危険である。だから、暗く表現すれば次のようにも言うことができる。思想家が行為し考えるのではなく、彼のうちの危機が行為し考えるのだ、と。

次のことは心にとめておこう。ニーチェは、天才主義と歴史神話学的熱意という第一次的仮装の下で、無限のアクチュアリズムをもって彼のギリシア精神について語ることができた。以来、歴史的諸関連は、かろうじて新作上演の基礎として用いられるのみである。たしかにニーチェが手がけた寓話は、元型的な単純さを持っている。すなわち最古の哲学のように基本的で、太古の音楽のように単調である。人間とは何か。世界とは何か。人間はなぜ世界の中で苦しむのか。そして人間はどのようにして、この苦しみから救われるのか。ばらばらにされ、ジレンマのなかで自己自身に目覚めた意識が、その個体化に驚愕する際の激しい暴力と比較すれば、これらの問いはすでに平板で、浅薄な感じがする。この驚愕の後では、この意識はもはや、どのような重大事を自身で担うことになったのかを理解しようとする衝動以外のものになることはできない。私とは誰なのか。私の運命とは何か。私はなぜ私でなければならないのか。これら以外の問いは存在しない。

ニーチェはその登場のはじめにはまだ、その企てをこの基本形式に単純化するところからはまだ少し離れたところにいる。しかし彼は、すでにその基本形式によって行動している。ギリシア的舞台装置、ショーペンハウアー的語彙、イリュージョン的・修辞的手管、そして教養市民階級的陰影が駆使されている。こういったものを伴っても彼のこの最初の著作で、後の文学的努力でもおよそそうであるのと同じように、真の自己を探求するドラマの基本構造が明々白々に働き始めている。強力な表出への意志に動かされて、思想家は舞台の上に歩み出る。華々しい登場に対するそれまでの予感は適切である、という確信に支えられている。たとえそれが彼を依然として、最終的な洞察からは切り離していようとも。たしかにこの俳優は、自身の衝動が何を目的とするかをまだ知らず、また、自身についての最終的結論がまだまだ下されることはないと、はっきり分かっている。それにもかかわらず彼は、偉大な事柄を計画しているという感情によって、最高に重要な何かを言わなければならないという確信を持っている。なぜなら、彼の時代の最も偉大な人ヴァーグナーが自身と同程度であると認知してくれたとの確信を持つ者が、他の何を口にすることができるだろうか。ドラマは始まりにおいてまるで俳優が、「私はここにいる、しかし私はまだ私を所有していない、それゆえ私は生成しなければならない」と言いたがっているかのようだ。「私は、私が真に言わなければならなかったことが、舞台が進むなかで現れるにちがいないと思っている。」おそらく、自己探求と自己救済の力学に刻印づけられた思考の基本定式はそのようなものであろう[5]。思想家はまだ、『この人を見よ［Ecce homo］』という身ぶりで自己を世界の前に提示することができるようには、自己を所有していない。しかし彼は、徹底した自己探求によって公然と［coram publico］自己を取り戻すことに成功するだろうと確信している。全体としては、あたかも影が漂泊者に、「全力で追いかければ、最後には私は君を手に入れる」と言ったかのようだ。あるいは反対に漂泊者が影に、「私が私自身に受け入れられるためには、その前に君を飛び越していなければならない」と言ったかのようだ。

これらすべてがどんなに逆説的に聞こえようとも、探求する自己と探求される自己、問う自己と答える自己、現在の自己と未来の自己へのこの自我の二重化は、不可避的に、情熱的な実存的真理探求の構造に属する。(真理回避としての探求という逆説については、本書の第三章で詳述することにしたい。）

すなわち自分自身についての真理を発見するためには、思想家は差し当たり、できる限り情け容赦なく、自分の外へと出なければならない。というのも、彼にとってそれ以外の方法では、非対象的な衝動以外に見つかるものは何もないからである。ニーチェは、すべての創造的思考者がそうであるように、自分が何を持っていたかを知る前に、自分の言うべきことを吟味し尽くさなければならない。それは、よく知られたジョークを思い起こさせる。「自分が話すのを聞かなければ、自分が考えていることを私はどこで知るというのか。」たしかにそれによって、このジョークは、「思考」はその表出に先行するというきまじめな定説よりも、より大きな記述力を持つ。実のところこのジョークは、真理探求の構造についての真理をきわめて簡潔に説明している。すなわち、ある肯定的な観念の形で自身についての真理を探求する者は、まずは肯定的に自己を実現しなければならず、そのことによって、その実現されたものの一部として探しものを見つけることができる。なぜならそうした自己実現の前には、表出がないため何ものも見つからないし、それは事前に探求されていないため、何も表出されていなかったためである。

さて、今やわれわれは、これまでとは違ったギリシア精神の告知者としてのニーチェの登場を適切に追跡できるとして、ではいったい彼は、ギリシア人について、そしてギリシア人を通じて自分自身について、何を言っているのか。ギリシアの民族心理学および芸術心理学についての新しい見方は、いったいどの程度、この大胆きわまりないギリシア主義者についての真理を暴露するのだろうか。

われわれが悲劇書で出合うニーチェの世界記述の基本的内容は、二つの文にまとめることができると思う。第一の文は、「通常の個人的な生は、苦しみ、残忍性、下劣さ、しがらみの地獄であり、この地獄に対しては、ディオニュソスの従者シレノスの暗い英知、すなわち、人間にとって一番よいのは生まれないことであり、その次によいのはすぐに死ぬことである、という英知以上のものはない」というものである。第二の文は、「この生が耐えうるものとなるのは、陶酔と夢によってのみであり、この陶酔と夢という二重の忘我のみが諸個人に自己救済への道を開く」というものである。『悲劇の誕生』の大部分は、この第二の文のパラフレーズであり、そして二つの忘我をある一つの宗教的な芸術現象、すなわちニーチェが見るところの初期ギリシア悲劇において一体化する可能性についての空想である。

陶酔の道はディオニュソスという神およびその狂宴的現れに割り当てられ、夢の道は明晰さ、可視性、そして美しい分類への愛を持つアポロンという神に割り当てられる。ディオニュソスには、麻薬的でカタルシス的な力を含めた音楽が属する。アポロンには、天上に通ずるパースペクティヴと視覚的な軽やかさを持つ叙事的神話が属する。すなわち日常の不幸に押しつぶされた個人には、その悲惨から立ち上がるための二つの道がある。その二つの道は、唯一の悲劇的芸術という王道へと合体することができる。その場合の前提は、誕生の時点が適切に選ばれて、古代ギリシア人か、あるいは現代のヴァーグナー崇拝者になることである。陶酔と夢という二つの道は、様態は別だが、個体化という、あのすべての苦しみの原因の克服に関わっている。陶酔は、個人をその自我境界の外へ連れ出し、宇宙的な苦痛と快楽の統一という大洋のなかに溶解させるのに対し、夢は、個体化された諸主体を、節度や制約や美的形態の規範のもとにある現存在の必然的形式として浄化する能力を持つ。悲劇的芸術作品は、ディオニュソス的なものとアポロン的なものとが互いに融合することによって成立する。どうやらニーチェにとってこの融合は、陶酔というディオニュソスの符合のもとにあるらしい。というのも彼は、ドラマのアポロン的要素、すなわち叙事的な舞台の筋と神話的な英雄の運命とを、忘我的なコロスの夢としてのみ把握するからである。このコロスは英雄の可視的運命を、苦しむ神ディオニュソスの客体化と見なしている。

実際、ニーチェの悲劇書はほとんどいつも、その内容面に拘束され、ディオニュソス主義宣言書として読まれてきた。けれどもドラマ展開としては、まちがいなく反対の結論に導かれる。すなわち、ニーチェが舞台化するものは、ディオニュソス的なものの勝利というよりむしろ、そのアポロン的な妥協への強制である。このような考え方も、ギリシア文化についての擬古典主義的な像を冒涜する、すでに何かスキャンダラスなものを持っていたかもしれない。というのも、それはアポロンの明るい支配をもはや自明の所与として承認せず、それを暗く猥褻な諸力という対立世界に対する苦戦の上の勝利と捉えることを説くからである。けれども、ニーチェの演出するドラマの展開としては、やはり最終的には仮象というアポロン的世界が優ることに変わりはない。この仮象が今後はわれわれにとって、とてつもなく深い色のヴァリエーションを示しながら舞うのではあるが。それは、例えば、あたかも人文主義的なギリシア熱狂者に突然、この美しいアポロン的な男の世界がディオニュソス的な異性装者の劇場であり、また将来はアポロン的な光の国の教化的な明白さをあてにすることができない、という認識を要求するかのようである。

しかしニーチェの悲劇的宇宙の織物を注意深く見ると、われわれが意図的に視線を曲げない限り、そこでディオニュソス的なものが決して権力の座にはないことに気づくだろう。音楽による狂宴がアポロン的な制限を破る危険は、けっしてない。なぜなら、舞台自体、つまりニーチェが築く悲劇の空間は、その装置の全体からして、一種のアポロン的な停止装置、すなわちコロスの狂宴的な歌声が狂宴にならないようにする停止装置以外の何ものでもないからである。歌う山羊の音楽はディオニュソス的な激情の発作である。しかしそれはアポロン的な引用符に入れられている。この引用符がディオニュソス的な激情に駆られた声を上演可能にするからこそ、大きな暗い衝動の諸力は、その非人格的な猥褻さにもかかわらず、より高度な文化に貢献することができる。この手続きに従えば、とんでもないものも表層へと持ち上げられるが、アポロン的な引用符、つまり分節化、象徴化、脱身体化、表象への強制に服することが条件となる。引用符なしには上演できない。激情がしかるべく行動すると約束する場合にはじめて、激情は望むようにふるまうことが許される。芸術の自由は、芸術への強制で購われるのである。

かくしてニーチェの登場は、誇大妄想以上のものとなる。彼が登場した際に最初に目に入ってくるその装いは天才主義と神話的情熱だったが、いまや彼は、自身および古代のドラマ台本にいっそう沈潜し、第二の仮面をつける。以後、偉大な自己を求める空虚な衝動や具体性のない主張は、卓越した比喩性を持つ演劇現象となる。ニーチェの第二の、ギリシア風の仮装はわれわれに、この自己は自己のうちにひとつの葛藤を孕んでいること、そしてこの葛藤は、衝撃と阻止、激情と規制、爆発と節度、興奮と考察、衝動と幻覚、音楽と像、意志と表象といった相互関係にある二つの神性の間での葛藤であることを教えてくれる。

われわれは以下で、舞台の上で生じることのすべては、演技者の内面の葛藤から出てくるものだ、ということを知ることになろう。そしてこの葛藤は二つの芸術の神の対立だとされる。けれどもニーチェは、この葛藤に実際に決着をつける意欲がないように見える。

むしろ彼はこの葛藤を、いわば永遠に対極的な関係としてわれわれの前に存在すべきもののように提示することに固執している。それは、石像に刻まれた二人の超人的な格闘者の像にたとえられるかも知れない。その強力な力は、双方のそれぞれから見て取れるが、二人の格闘者がいつか動き始めることはない。二柱の神は、激しい動きの格闘という幻影のなかに凍結されて現れている。

このような見方はどのように解釈されるのだろうか。まずはニーチェが決然と示したものが、どのようなものであるかを理解することが重要である。アポロンとディオニュソスは、はじめのうちは相互に行き交ったりしているが、互いに均衡を保ち、結局のところ、われわれの関心はその妥協にしか向けられない。すなわちニーチェの第二の仮面においては、首尾一貫したシンメトリー、原理的な平衡だけが目立つのである。けれどもそのような均衡理念はどこにも基礎づけられておらず、秘密裏に、しかし強力に設定されている。実際、アポロンとディオニュソスとの間の両極性は、両極の間を自由にゆれ動く活動的な対立ではない。むしろ、アポロン的なもののひそかな二重化へと導くような、静止した両極性である。アポロン的なものは、暗黙のうちに設定された均衡原理によって、ディオニュソス的他者が決してそれ自身としてこのドラマに関与するのではなく、常にこのアポロン的なものの弁証法的ないし対称的他者としてのみ関与させる。アポロン的な原理が、アポロン的なものとディオニュソス的なものの対立を制御しているのだ。このことによって、なぜニーチェは、自己をディオニュソス的なものの使者として登場させるにもかかわらず、絶えず英雄的な自制の身ぶりをともなっているのかが理解できる。たしかに抑制されなければならないものは名指され、強調され、そしてディオニュソス的音楽の力として賛美されはする。しかしこの強調において、強調されたものは制御されたものとして、アポロン的なコントロールのもとにあり続ける。アポロンは、まさにニーチェ自身にあってそうであるように、その他者に対する対立の支配者なのである。

ニーチェは、二つの神性の顔の半分ずつを持つ、対称的に凍結した仮面をつけることで、今日に至るまで人を魅了するような自己描写の天才的な離れ業を成し遂げる。自由化と昇華放棄の一世紀を経験した後のわれわれは、ニーチェがディオニュソス的なものを「本当に」は野放しにしなかった、などと彼を非難してはならず、彼の神話的な技巧がディオニュソス的なものに向けての通路をわずかながら広げることに驚嘆するしかない。この技巧は前提のないものではなく、初期ロマン派およびリヒャルト・ヴァーグナーの思考によって準備されたものであることを、マンフレート・フランクが彼の講義『来るべき神』でひじょうに印象的な方法で証明した。(6)

このディオニュソスの回廊でニーチェの思考は展開される。しかし、根源的な回廊から考え始める者は、ここから生まれ出ることが分離および分裂でもあることを引き受けなければならない。これを文化的に可能にしたのは、ロマン派の象徴主義(7)の深層心理学的業績の一つである。ニーチェが、アポロン的・ディオニュソス的二重仮面をつけることができたのは、ロマン派以来、心的分裂のモティーフが文化的に可能となっていたからである。ナルシスティックできわめて繊細な者、恥ずかしがりの者にとっても、高度に文化的な象徴主義は、アンビヴァレントで心理学的な自己描写のためにかなりの表現手段を用意したのだ。ニーチェは、昼の合理性から夜の理性を振り返るというロマン派の能力を利用し、存在の根底のディオニュソス的力学を独自の方法で窺う。これが、高いレベルで媒介され安全の確保された、根源の力と戯れる形式であることを見逃してはならない。(8)ディオニュソスの想起は、まさに自然主義的な野蛮への準備教育ではなく、野蛮の危険がさし迫る時代に文化の基礎を掘り下げようとする試みである。いずれにしても、ニーチェのディオニュソス的回廊は、自己意識よりも前にあるものに対する、将来を見通した関係の形式であることが証明される。われわれが妄想と暴力という野蛮のリスクに屈することなく、苦痛快楽という根底のディオニュソス的真理をどのようにして近代の生活形式に「統合」しうるか、という問いが立てられるときに、いつもわれわれが立ち戻るべき手引きである。ニーチェが対称を信奉すると表明し、またディオニュソス的なものを象徴の強制に服させるという選択をしたということを見れば、一九世紀に知られているアポロン的な書物のなかで『悲劇の誕生』に匹敵するものはほとんどないということが、いっそう強く確信される。しかしまた、この書物がどれほどまでディオニュソス的に読まれるべきテクストであるのか分かるのは、本書第四章で、われわれがディオニュソス的なものの秘教的な概念を哲学的「思考」として紹介するときである。

しかしながら、これまでに言われたことは、ディオニュソス的なものの再発見者と見なされている著者を目の前にすると、奇異の念を抱かせるに違いない。なぜなら、ニーチェが後の著作、例えば有名な『自己批判の試み』や『この人を見よ』の覚書で、『悲劇の誕生』を振り返るとき、デビュー作の「未熟さ」にもかかわらずこの本が、ディオニュソス的なものの新しい理解を通じて不滅のものとなるであろうという意識が打ち消されることは一瞬としてないからだ。『悲劇の誕生』をその著者がディオニュソス的に読むとき、ディオニュソス的という語が後のニーチェにとって、反キリスト的、異教的、非道徳的、悲劇的と同じ意味だ、ということから説明される。これらの語は、意味論的レベルでこの本の傾向に広範囲にわたり一致する形容詞である。しかし、テーマという点で見た場合のこのディオニュソス的なものの重要性は、ドラマトゥルギー上でのアポロン的なものの優勢を否認するものではない。

私は、ニーチェによるディオニュソス的なものの構成を、より精緻に観察することを提案したい。この精密なアプローチの正当性は、とりわけ悲劇書のある箇所が、ニーチェのギリシア的ディオニュソス的なものの秘密を明らかにしていることで保証される。それはあまりに明示的であるため、解釈の余地が何も残っていないほどである。実際、ニーチェは、このときは他のどこよりも明瞭に、彼のディオニュソス的錬金術の秘密を漏らしている。すなわち、山羊を音楽家にする技法である。しかしわれわれは、もう一度ゆっくりと、最も決定的な第一章を読んでみることにしよう。

何が起こっているのか。ニーチェはわれわれの眼前で、ディオニュソス的熱狂を、二つの厳密に異なるコロスに分割するが、それらはほとんど正反対の、文化と自然、あるいは文明と野蛮のような相互関係にある。すなわち、著者が言うには、ひとつの「巨大な裂け目」が、ギリシア人のディオニュソス的なものと野蛮人のそれとを分離している。それは高度な文化を持つ個人が、もはや決して橋渡しをしないだろう、いやそれどころか橋渡しをしようなどと思ってはならないような裂け目である。この裂け目は、悲劇の理論にとって、計り知れないほどの意義を持つことになる。来るべき神の祝祭の行列が従者を引き連れて押し寄せ、期待に胸を弾ませた古典文献学者がそこに加わろうとする瞬間にその行列が分裂する、そうした瞬間をわれわれが待ち受ける場合、この裂け目がどれほどの意義を持つのか、ということをわれわれは確信する。ディオニュソスの心酔者たちのこのコロスを遠くから見た際の、まだばらばらにされていない光景の何が、この文献学者を魅了したのかは、説明を必要としないほど明白である。なぜなら、遠くからおおまかに見れば、猥雑なコロスは凝縮して、抗いがたい誘惑作用をもつ人文主義的な幻影へと結晶するからである。

ディオニュソス的なるものの魔力の下においては、単に人間と人間との紐帯が再び結び合わされるだけではない。疎外され、敵視され、抑圧された自然が、そこから逃げ去った人間という放蕩息子との和解の祝祭を、再び寿ぐのである。……今や奴隷は自由民となった。困迫、恣意、あるいは「厚顔な流行」が人々の間に厳然と打ち建てた一切の頑迷にして敵意に満ちた境界は、今や砕け去る。今や世界調和の福音に接し、人は各々、その隣人と結合し和解し同化せることを感ずるのみならず、また一体たることを感ずる。あたかもマヤの綾羅が引き裂かれ、今はもはや襤褸となって神秘に満ちた根源的一者の前に翻るにすぎないかのごとくである。歌いつつ、踊りつつ人間はより高い共同体の一員として現われる。

〔邦訳2巻『悲劇の誕生』三六―七頁〕

たとえ読者が自身の目を信用しないとしても、ニーチェはこのように書いている。もしもテクストがこの始まりと同じように進んでいたならば、『悲劇の誕生』は今日、『共産党宣言』と並んでおかしくない社会主義宣言と見なされたであろう。この著作は、ひとつの美的社会主義の綱領的論文として、宇宙的友愛のマグナ・カルタとして読まれるだろうし、まさにこの本からはそういった諸特徴が見つけられるが、これらに対応する政治的組織やイデオロギーとの関与は萎縮したものでしかなかった。しかし、ディオニュソス的社会主義の雄弁家として歴史に入り込もうとニーチェが誘惑されるのも、わずかの間だけである。まさに神の一団が、適当な歴史的隔たりのなかで轟々と音を立てて通り過ぎ、したがって人間と自然との和解が直接には誰にも要求されない、その間だけである。

近くまで寄ってきて、理想主義的な不精確さが解消されるや否や、すべての符合が逆になる。たしかに全体との融合がまったく不可能なこととして現れたのに応じて、到達不可能なものへの献身には何の支障もなくなった。しかし、音、肉体、欲望の塊である荒れ狂うコロスが近くに来ると、根源の深淵の口が開かれ、個体化した主体がそこへ戻ろうとすることなどありえない。すぐに驚愕の像が現れる。性愛の洞窟のなかでの不快な圧迫と窒息死の像である。以前には至福の溶解のように思われていたものは、いまや恐ろしい八つ裂きとなる。憧れだったはずのものが、まさにそれが手に入ろうとしたときに、決定的な吐き気とともに恐ろしさに後ずさりさせる。一体化への衝動は、分離欲へと転化し、大地と集団の懐への帰還の性愛は、社会主義的外陰政治への溶解のパニックと嫌悪の念となる。

これが決定的瞬間である。今や奔放な祝祭の行列は分裂する。ディオニュソス的野蛮人が多数派の激情のまま荒れ狂い続けるのに対し、ギリシアの文化意志の命令に服する気高い少数派は離脱する。そこで、「オリエントの野蛮なディオニュソスの祭りよ、失せろ!」と叫ばれることになる。春の祭の性の狂宴は、失せろ! 民衆や汚らしい主体の肉体的接触への強制よ、失せろ! 緑の党左派のようにすべての人を抱擁しようとする粗野な者たちよ、失せろ! アポロン的な介入が必要だ、純粋性と区別とをこの卑猥な混乱状態に対置する男性的、自覚的、個人主義的な原理が介入すべきである。一般的なディオニュソスの祭りが、ギリシアの、そしてニーチェのディオニュソスの祭りになるためには、その前にその祭りが一種の事前浄化を済ませていなければならない。私はそれを、著者の記述に依拠して、「ドーリス式事前検閲」と呼ぶ。すなわちニーチェによれば、最初期のギリシア精神はディオニュソス的洪水に対して男性的な防波堤を築いた。ギリシア精神は、野蛮なディオニュソスのヴァルプルギス夜祭に特徴的だった「熱狂的な性的放縦」に英雄的に抵抗した。あの「性的快楽と残忍性からなる不快な魔女の飲み物が……ここでは力を持たな」かったとすれば、それはこのドーリス式防波堤が築かれていたためである。ディオニュソス的女性的な洪水の試みは、「アポロンの威厳のある拒否的な態度」〔邦訳2巻『悲劇の誕生』四〇頁〕に撃退されるのである。

注目すべきは、ディオニュソス的なものの根底からの価値転倒である。突然それは、もはや世界を和解させる原理、すなわち、その作用によってすべての人間存在がはじめて真の目標に到達できるような原理としては現れず、いまやそれは、文化を破壊する原始的な力、粗野で悪魔的な爆発の危険、崩壊の危険として現れる。

> すなわち、ドーリス国家とドーリス芸術は、アポロン的なるものの不断の陣営としてのみ私には了解されるのである。……ディオニュソス的なるものの巨人的、野蛮的な本質に対する不断の抵抗によってのみ……

［邦訳2巻『悲劇の誕生』五二頁］

すなわちニーチェにとって、ディオニュソス的なギリシア精神のはじめには、ドーリス式事前検閲がある。それは、ディオニュソス的な洪水をアポロン的な防波堤で制圧する。そして堤と洪水、閉塞と陶酔の二重の力関係からはじめて、高度な文化にふさわしく制御された忘我の芸術が生まれる。初めに妥協があった——相互に強め合いながら互いに絡み合う、力と抵抗のゲームである。ニーチェはこの妥協を分かりやすく叙述し、妥協形成の審級はアポロンである、無責任に激怒するその敵対者たるディオニュソスではない、と言うことを忘れていない。したがってアポロンは、自分自身の破棄を賭けたような大胆な勝負に出る、計算づくの主体である！　すなわち、アポロンは、ディオニュソスの要求が拒否しがたいものであることを、いやいやながら承認した後で、——ニーチェが言うには——「和解」によってその強力な敵の手から武器を取り上げる決心をした。著者は次のように言い添えるところまで行く、「適切な時に結ばれた和解」によって、と。

この出来事の意義は、いくら高く評価してもしすぎるということはありえない。それはまさに文明の原光景、西洋文化における歴史的な妥協という原光景を意味する。古い狂宴的自然力は、アポロン的妥協によって上昇させられ、以降はずっと芸術のエネルギーとして一連の象徴的なものと溶接される。ニーチェはこの観察を書き記す際、彼はギリシア文化史のある一つのエピソードについて語っているのではなく、すべてのより高度な文明化過程にとって運命的な出来事について語っているのだということに、気づいている。彼は、「この和解は、ギリシアの宗教儀礼の歴史のなかの最も重要な瞬間である」と言っている。古代の生活形式から高度な文化の生活形式への途上での最も重要な移行、といまなら付け加えてよいだろう。このより高度な発展が脆さをもたらすことは、言うまでもない。生きているものが、いっそう不確かで、いっそう危険な形式に発展し、それらの形式はほとんど不可避的に一種の倒錯の気配に包まれることになる。初期の人間の素朴な狂宴は、アポロン的な妥協の力業によって阻止され、高められて、晩期の感傷的な祝祭劇になる。これは「人間の虎や猿への退行」ではなく、象徴によって強化された「世界救済の祝祭、浄化の祭日」への跳躍である。

ここにいたってようやく、ニーチェのディオニュソス的な演技が再開される。ドーリス式事前検閲とアポロン的抵抗が行われ、そして象徴によるじゅうぶんな安全確保措置が講じられた後で、ニーチェはディオニュソス的側面に魅了される。そのディオニュソス的側面は、音楽であり、舞踊であり、神秘への関与と快い苦しみである。一言で言えば、畏敬の念を抱かせる伝統的な用語としての悲劇が規定する、あのより高次の忘我である。象徴的な諸手段によって、猥雑なサテュロス的傾向に対して距離が取られたところで、ディオニュソス的なものの理想化が再開される。歌をうたう山羊は、美的な枠組みとドラマトゥルギー的な引用符に入れられると、獣的段階に退行する放埒者ではもはやなく、新たに存在の根底と融合するための媒体となり、音楽的社会主義の主体となる。魔術は、実際の魔法化のリスクから守られた、より安全な枠内でくり返される。以後、すべては以前あったもののくり返し、代替物となる。ディオニュソスの祭りの代わりのディオニュソスの祭り、一体化の代わりの一体化、狂宴の代わりの狂宴である。けれども、この何かの代わりにあることは、利益をもたらす代用として考えられており、単なる根源の喪失ではない。この利益のなかで文化は、野蛮の代わりの文化として自己を肯定し始める。代わりにあることは、すべての文明を促進する現象の秘密の鍵である。その真理論上の結果は、後続の二つの章で、代用のドラマトゥルギーと仮象の形而上学を論ずることで明らかにしたい。

いまや古いディオニュソス的な力は、ある放縦さの代わりに新しい放縦さをともなって、象徴化の河床に注がれる。ギリシア悲劇への道が、「すべての象徴的能力の……最高の高まり」、いや「すべての象徴的諸力総体の解放」に伴われている〔邦訳2巻『悲劇の誕生』四二頁〕ことは、当然のこととなる。象徴的なものへの引き上げによって、世界は、かつてそうであった以上のものとなる。代用品は、代用されるものよりも優れたものになる。流れ出たものは、源を凌駕する。「いまでは世界の本質は象徴によって表現されなければならない。象徴の新しい世界が必要である……。」要するに、野蛮な山羊は、文化的な山羊へと昇進したのであり、もしもそれがア・プリオリに遅れてきたものとしてその野蛮な初期を回想するなら、あるポスト構造主義者のように自分に言うかもしれない。ある象徴が私と私の陶酔との間に押し入り、ある言語が私のもとでの現前に先んじており、あるディスクールが私の忘我に語り方を教えた、と。しかし、もし泣き叫ぶこともすでにディスクールだとしたら、それは嘆かわしいことではないのか。

けれどもアポロン的主観性が、自身、ディオニュソス的なものとの妥協によってどのようなジレンマを引き受ける羽目になったか、気づいたときにはもう手遅れだ。すなわち、アポロン的主観性はそのときから、もはや「自己自身を根拠として」理解されることはないのである。アポロンは自律性の幻想を失う。アポロンはこの自律性を力の限り取り戻そうと試みるなかで、ますます自身が底なしであることを了解せざるをえない。形というものの下にあるディオニュソス的深淵の方に視線を投げた後では、実質的な合理性とか男性的な自制などはもはや信じることができない。自己を同一のものとして保ちながらディオニュソス的なものと妥協することができる、というアポロンの最初の希望は、幻想であることが明らかとなる。アポロンは否応なしにディオニュソス的な同一性解体の吸引力に巻き込まれる。輝く概念性と豊かな合理性の光を具えた自己の美しい仮象は、実際には、形なく苦しむ神ディオニュソスのひとつの客体化にすぎないのではないかという危惧が、アポロンを蝕む(9)。

これらすべては、二つの神の仮面をつけた哲学的舞台の上の俳優にとって、いったい何を意味するのだろうか。彼にとってはここからどの程度、自身の主観性の構造が明らかとなるのだろうか。彼の自己経験はここから何を学ぶのだろうか。私が思うに、思考の演者は今では、彼自身が一者ではなく、一者としての自己を夢見ているような二者であることを認識できるようになる。この二者であることとは、定式化不可能であるような衝動の無定形的性質や、自分自身を孕むという求めるところの多い情念を、もはや持ってはいない。二者であることを正確に突き詰めれば、考える不安ということになる。仮面のアポロン的次元とディオニュソス的次元との間での、反省の行きつ戻りつする跳躍となる。この不安に満ちた往還運動は、すべてを見通す批判的な疑いという思考の運動を引き起こす。この批判的疑いの力学が動因となって、ニーチェは哲学者となる。アポロン派の哲学者は、自分はディオニュソス的「現象」の一つにすぎないのではないか、と疑っている。それに反してディオニュソス派の哲学者は、自分のアポロン的去勢を覚えている者が持つ鋭い炯眼で自己自身を見通す。自己を自己自身の代理人のような者としてしか理解できない彼は、自分を単なる文化的サテュロスであると感じている。自分自身について、もはや決して確信することのできない、山羊の代わりの山羊であると感じているのである。

このようにしてニーチェは、前代未聞の知的サイコドラマを展開する。二重の神の仮面をつけた演技によって、彼は、自己を疑う自己認識の天才へと発展する。彼はあたりまえのように心理学者となる。哲学者としての、心理学者である、最初の哲学者となる。彼の古典主義的なロールプレイが、彼をこの道へと連れてくる。なぜなら、彼はいつも、自分が何か見通せるものとしての自分に向き合える立場にいることになるからである。ディオニュソスとしてのニーチェは自分を信じない。というのも彼は、アポロン的な妥協のなかで、その野蛮な下半身を犠牲にしてしまったからである。アポロンとしても彼は自分を信じない。彼は自身を、ディオニュソス的なものを被うベールにすぎないのではないかと疑っているからである。舞台の思想家の自分を探し求める自己は、センセーショナルな反省性を示しながら、凍りついた半分ずつの仮面の間を行きつ戻りつゆれ動く。彼は、自分に対する全面的な疑いに委ねられている。その疑いはすべての「真理」、すべての代用品に対する疑いへと高まるであろう、しかし同時にそれは、自律的な仮象と、現象的なものの神的な不可視性への絶望的な賛美へと躍進する。自我がどんな地位を占めようとも、自我がそれ自身についてどんな「表象」を差し出そうとも、常に自我は、自分には他の側面、自代用された相が欠けていることを感じ続ける。

仮面を付けたり取ったりしながら認識を深めることで、ニーチェの第三の顔が成立するのは、ドラマトゥルギー的観点からすればきわめて興味深いことである。すなわち「哲学者」としてのニーチェ、心理学者であり、認識の批判者であり、思考の舞踏者であり、卓越した反省者であり、肯定的偽装の教師としてのニーチェである。この第三の顔とともにニーチェは、彼の「君自身がそうであるものになれ」という命令に、危険なほど近づき始める。なぜ危険かというと、この仮面は、その見かけ上の実定性のゆえに、ナルシストに自分の鏡像のなかへと転落したいという気持ちを起こさせるかもしれないからである。像から発散するこの危険はいつも、情熱的な願望者の最も弱い所に向けられる。すなわち、像のなかで観念という想像態でしか持つことのできないものを、「現実に」持ちたがるという弱点である。ディオニュソスを持つことはできない、持つことのできるものはディオニュソスではない。それゆえニーチェにとって、ディオニュソスを少なくとも化身によって手に入れるために、ディオニュソスの化身となろうとすることは、大きな危険なのである。[10]

ニーチェは、双極的文化力の理論から出発して、自分自身の何も信じないような、不安な自己反省の巨匠へと自己形成を続ける。この自己反省は、自分の何も信じない。それは、自己を否認するからとか、「理性批判の全面化」に助力したからではなく、この反省する自己から自己への信頼を与えるかもしれないものが遠ざかってしまうからである。自己反省と、平安へ導くような統一体験という意味での同一性とは、同時に現れることはありえないということを、ニーチェのドラマ的思考は発見しようとしている。アポロンとしてであろうと、ディオニュソスとしてであろうと、名指され、同定され、仮面をつけた主体は、その同一性の基礎にたどり着いたなどと信じることは決して許されない。なぜなら、その主体が自分自身を見るとすぐに、それは安住できない何ものかであるということを見通してしまうからである。それにはいつも他者という最良のものが欠けているからである。

　こうして、ニーチェの演劇的な自己経験は、完璧な自己幻滅の体系を始動させる。舞台の上で私と言うものは、どんなものであれ、象徴的に思い描かれた自我、すなわち、完全な真理によって破滅しないために、われわれがベールのようにわれわれの前にかざしている、アポロン的芸術形成物である。

註

（1）「あらゆる偉大な哲学とはこれまでどのようなものであったか、私にも次第にわかってきた。すなわちそれらは、原著者の自己告白であり、意図せざる、また気づかれない記憶であるということである。」［邦訳11巻『善悪の彼岸』二三頁］

（2）この暴行とは、大衆向きの批判的思考様式に従った心理学化する主観主義が誤信しているような、単純な「自己に対する暴力行為」ではない。おそらくそれは「被投性」を、「すでに暴力行為を受けていること」として積極的に引き受けることである。それによって、男らしさという心的存在論的現象に特徴的に属する事柄のいくばくかが述べられている。このテーマについてきわめて示唆に富むものとして、以下の研究がある。Günter Schulte, >>*Ich impfe euch mit dem Wahnsinn*<<――*Nietzsches Philosophie der verdrängten Weiblichkeit des Mannes*, Frankfurt a. M. -Paris, 1982.

（3）ニーチェが、ヴァーグナーのモデルネと、ディオニュソスの古代との間の歴史神話学的類似性についていかに意識的であったかは、以下の彼の覚え書きが示している。「私にとって、自ら観察したヴァーグナー現象は、まず、否定的に次のことを明らかにする。すなわち、われわれは今日に至るまで、ギリシア世界を理解しておらず、また反対に、われわれはそこに、われわれのヴァーグナー

現象に対する唯一の類似を見いだす、ということである。」（W, IX, 232）

（4）私はこの言明を、ポストモダンの状態は、すべての歴史的な「メタ物語」の、すなわちすべての歴史哲学の、徹底した信憑性喪失によって特徴づけられる、というリオタールのテーゼの末尾に付された疑問符に結びつけたい。そもそも歴史哲学は物語的形式を持っていない、あるいは見かけ上物語のように見えるだけだとしたらどうだろう。おそらく歴史は、叙事詩的な現象ではなく、演劇的現象であり、並べてみるべきは、長編小説ではなく、コンメーディア・デッラルテである。そこでの筋は、俳優アンサンブルのインプロビゼーションによって場面から場面へと引き継がれて行く。このことが正しいとすると、あらゆる歴史哲学的努力に対する一般的な論駁もドンキホーテ的戦いということになろう。

（5）ルー・アンドレアス・サロメは、自己救済の衝動を――私の見る限り、正しく――彼女の心理描写『その著作のなかのフリードリヒ・ニーチェ［Friedrich Nietzsche in seinen Werken］』1894、の中心に置いている。

（6）Manfred Frank, *Der kommende Gott. Vorlesungen über die Neue Mythologie*, Frankfut a. M. 1982.

（7）ロマン派の象徴主義とは、一八世紀と二〇世紀の間に形成されたような、非宗教的内面性の言語のことである。『魔笛』から『魔の山』に至る象徴的空間のことである。

（8）ニーチェのディオニュソス的ディスクールには、二重の文化的な安全装置が取り付けられている。

個別的には、ロマン派の天才美学と内的二元性の心理学とが、実在の心的分裂を象徴的に覆っている。一般的には、象徴主義的な概念への固執が、ディオニュソス的諸力の現実的な爆発を、文化的に有益な方法で規制している。この厚い象徴的バックアップによってのみ、のちにモデルネの心理学を形成する、心理力学的な出現過程と抑制からの解放の経過が可能となる。一八世紀以来、市民的な表現の進化のなかに――まさに新種の、強力な文明的安全措置のもとで――境界の除去、弛緩化、解放の巨大な推進力が働き始めた。この推進力の停止を、われわれは今日、ポストモダンという人を欺く概念のもとで議論している。

(9)「されば、ディオニュソスの狂乱する従者を理解するものは、ただその同類のみである！　アポロン的ギリシア人がディオニュソスに付き従う者を眺めたときの驚歎はいかばかりであったろう。これら一切がやはり本来は自己にとってさして無縁なものではなく、いやむしろ、自己のアポロン的意識がただ一枚の薄紗のごとくこのディオニュソス的世界を自己から隔てているにすぎないのだ、という戦慄が混入してくるに従って、ますますこの驚嘆は増大したのである。」〔邦訳2巻『悲劇の誕生』四二頁〕

(10)第四章の終わりで私は、ニーチェのツァラトゥストラの「エンドゲーム」の持つ、化身の精神病的問題性に対して、いくつかの所見を述べたいと思う。

Ⅲ

猛犬に注意［cave canem］——あるいは恐るべき真理に注意！

「孤独な者よ、きみはきみ自身への道を歩み行くのだ！　その道はきみの傍を通り過ぎる、きみの七つの悪魔の傍を通り過ぎる！」

［邦訳9巻『ツァラトゥストラ』「創造者の道について」一一六頁］

自分自身への道を探し求める者が夢見ているのは、自分が耐えられる状態である。それゆえ、真の自己を探求しようとする場合、いかなるものであってもそれは理論的なものではない。その探求は、生き物の、耐え難い生を耐えられるものにする「真理」への衝動から生ずる。そうした根底的な問いのレベルでは、あらゆる理論は終わり、処世術へと流れ込むか、あるいは出発点としての傷つけられた生の一症候であり続ける。真の自己は探し求めるべきものである、という観念は、真の自己についての苦しみから直接的に生まれる。もはや苦しむものだけが、より良い自己への憧憬で胸をふくらませ、探求を開始する。もはや苦しむことがなければ、それは真の自己かもしれない。ということは、「自分自身に」至るのは、自分から去ろうとする者だけということになる。去ろうとすることこそが、自己探求の歩むべき「道」を示してくれる。自己を探し求めるとは、第一に、ある道への意志を持つということを意味する。けれども道の方向は、最初は、自分から去れ！　ということでしかありえない。

この道を歩む放浪者には、自分の影との出合いの機会がもたらされる。旅人は立ち去ることによって、すべてを置き去りにしなければならないと思っていながら、それでもやはり携えているものが何であるかを発見しようとする。真の自己は、旅立った者の後を追跡しているのだ。しかし、放浪者が、最も重い荷物は自分であることを認識したときにはじめて、「道の弁証法」が実現される。逃走の苦労によって、しかしまたあらゆる断固たる脱出に必然的に伴う活発化によって、立ち去る際には認識しえず耐えられないと思ったもの、すなわち耐えがたい自己を認識し耐えるための彼の力が増す。旅人自身のなかから出てきたものが、いかに捨てられないものであるか、それは道の途上でのみ明らかとなる。探し求める逃走が情熱的であればあるほど、捨てられないものについての想像はいっそう激しいものとなる。しかし、自分自身の情熱に絶望する探求だけが、探求を開始させた出発点にして、またその探求を耐え難いものとさせる決定的なポイントに行き着く。そのとき、探し求める苦悩は、探し求める対象が到達不可能であることを洞察し、危機的転回点に達する。探求者は、何ものも彼を彼自身から救うことはないだろうと感じるなら、燃え尽きざるをえない。すなわち探求者は、耐え難いものと不可能なものとのどちらかを選ばざるをえない、というジレンマのなかで消え去るのである。失望の火のなかでのみ、最後の幻想が焼失する。探し求める対象と決別することによって探求は目標に到達し、そして道は悲劇的な転回を経て苦痛に帰着するが、この苦痛からの脱出をこそ、この道は意図していたはずだった。出立はそこはかとなく死に似たり［Parir, c'est mourir un peu］、すべての道はこのように始まる。しかし、到達は完全な死に似たり［Arriver, c'est mourir entirnement］。

すなわち、経験の道に委ねられた自己認識は否定的循環の構造を持つ。この循環は、成就しなかった自己像を突き放し、探し求めた幸福の絵姿を焼却し、その始まり、つまりその苦痛とその「愛」に立ち返る。つけ加えて言えば、それはナルシシズム的反省の肯定的循環とはまったく異なるものである。ナルシシズム的循環では、実体的に見える精神が道に迷い、同じものをくり返し見つけ、結局、「私は私の自己を持つ」という輝かしい思い込みの回りで歓喜の踊りを踊るだけなのだ。

私は、自己認識のこの注目すべき否定的な構造を、精神航海術的［psychonautisch］循環と名付けたい。ニーチェの演劇的認識論的冒険は、この循環と本質的に関わっている。私が思うにニーチェの個人的、哲学的運命は、かなりの部分、彼が絵姿の焼却作業を完了するかどうか、彼の自己探求が適切な否定性と表象を欠く状態のなかで完了するかどうかに係っている。解き放たれた探求のリスクは尋常のものではない。探求者が道半ばにして、彼の自我の虚像にかかわり、それに騙され魅了されて、それが探し求めていたものと見なし、『この人を見よ』と公言してしまうことは、容易に起こりうる。探求者がひとつの鏡像に飛び込み、その化身のために破滅するのか、それとも、この鏡像に背を向け、自身の生を絵姿なしに引き受けるチャンスを保持するのかは、ある危機に至ってはじめて明らかとなる。

しかし、ニーチェのドラマがこのような危機にまで先鋭化するには、まだ相当の時間がかかる。この著者はまだ、自身の大きな劇のために舞台を拡張し、その古代の基礎を発掘し、俳優の仮面を調整しようとしている。ニーチェがギリシア風サイコドラマ的な舞台でさらに何をしようとしているのか、見てみることにしよう！

『反時代的考察』という時代批判的な間奏曲が奏でられた後、期待に反して、古典古代的に変装した英雄、古代に移し置かれたヴァーグナー的主人公、そしてモデルネへと置き換えられたエディプス、ジークフリート、ヘラクレス、プロメテウスの一族を出自とする半神は、一人も現れない。われわれが観察するのは、悲劇の舞台と確実な関係にあるようにはほとんど見えないような、予測できない登場人物である。それは、理論を立てるレポレロ［訳注：モーツァルトのオペラ『ドン・ジョバンニ』の召使い］、すなわち一八世紀の舞台上の哲学者役を想起させるような自由思想家であり舞台上の啓蒙家である。おそらくそれはボーマルシェの作品のフィガロを、いやむしろモーツァルトの『女はみんなこうしたもの』のドン・アルフォンソをも想起させる。ドン・アルフォンソは、その豪華絢爛たるシニシズムによってすでに、真理を一人の女と見なし、女を底なしの樽と物自体との統合と見なしたのだった。

ニーチェの自己客体化において登場する第三の人物は、一見したところ、反ディオニュソス的な道を歩んでいる。すでに示唆したように、アポロン的ディオニュソス的二重性質による自己経験から批判的な能動性が生まれ、外見上は、第一場の神話的なふるまいから遠く離れるように見える。いまやニーチェは、深淵に関する哲学的専門家──別名女に関する専門家──の仮面を付けて登場する。幻想を抱かぬ貴人の仮面を付け、非人間的なものおよび人間的なもののすべてに通じた者としてである。彼は、権力者の嘘や庶民の破滅について、怒りをもって見事に語る。文化批判的疑いの卓越した技量を発揮し、観念論的諸価値を無神論的に破壊する。そして、自己自身の深さへの倦怠感から、イギリス人からは平凡な言い回しを必要な量だけ、フランス人からは下卑た世知を少しだけ借りてくるふりをして面白がっている、実証主義的心理学者を装ってみせる。とするとニーチェは、彼の古代およびヴァーグナーから得た霊感をまったく見限ったということだろうか。真相は、その中期の真理批判的著述で彼は、より公然と、アポロン的な抵抗のエネルギーを支持しているということである。あたかもそれは、彼のうちの合理主義者が、ディオニュソス的傾向による転覆に対して身を守るかのようである。

けれども、変装のサイコドラマ的連関を感じ取るためには、この第三の、過度にアポロン的な、否定主義的な仮面の背後にすでに第四の仮面を見なければならない。すなわち、ディオニュソス的預言者の仮面である。原寸大のツァラトゥストラであり、非道徳主義の主人公である。心理学的に解釈する先駆者が単にアフォリズムの形式で、当てこするように、ミニチュア化しながら知的な室内劇として歌い始めたものを、彼は張り出し舞台の上で朗々と歌うであろう。それゆえ、三番目および四番目の仮面——三番目は楽しい学者の仮面、四番目は非道徳的預言者の仮面——は本質的に、ニーチェが文学的に登場した際のアポロン的ディオニュソス的二重仮面の発展にすぎないことを理解しなければならない。したがって、魂の二つの芸術的力の対立関係および共犯関係は、依然として有効である。ただし、初めは静的なシンメトリーと凍結した弁証法の状態で提示されたものが、今では活発に動いていいる。彼の思考過程のなかで、両極端の対立関係は、アポロンによる制御の試みにもかかわらず大きく振れて、この振れのなかで、最初は単に支配され、静止させられた力としてのみ提示されたもの、すなわちディオニュソス的なものが、活動の余地を増すのである。
これらすべては、中期のニーチェ、すなわちあの楽しい学問と大規模な価値解体に取り組むニーチェと、後期のニーチェ、すなわちディオニュソス讃歌を主唱する預言者的なニーチェとが、いかに密接に結びついているかを、別の表現で言っているにすぎない。現存するすべての価値を自由思想家的に「シニカルに」掘り崩す者は、悪意あるものへと転じられたアポロンであり、ツァラトゥストラという名の非道徳的なものへと向けられたディオニュソスの、密接な共犯者であり続ける。すべてを見通す舞台の心理学者は、その認識批判的訓練においてレシタティーヴォを歌い、これに対してツァラトゥストラの自己告知はアリアとなる。

すでに『悲劇の誕生』のト書きでニーチェは、彼の次の一歩に対する諸前提を用意していた。二つの神の互いに対する疑いのなかに、将来の哲学の爆薬がしかけられていた。諸理念の時代は終わりに近づき、力学[1]の時代が始まろうとしている。徹底した疑いは、デカルトの場合とは異なり、もはや思考の確実性の確固たる基盤となることはなく、いまや、底なしの反省という花火と疑う力の無制限な遊戯となる。疑いはもはや、理念の確実性のなかで救われることはない。

こうした洞察や予感を手掛かりに、ニーチェは絶え間なく前進する。彼は、精神航海術的循環において、辛いがしかしまた活動的な否定の作業が必要であることを見いだす。彼の神々は黄昏を体験し、そこから立ち直ることはない。崇拝は揺らぎ、色々な断片が理想から脱落し、その裸の姿はかろうじて哄笑に値するだけである。ヴァーグナーも疑わしいものとなり、そこからはもはや復活することはない。ショーペンハウアーも遠く背景に退き、古典文献学は唾棄すべきものとなり、現代の新ドイツ的な諸価値はせいぜい嫌悪と軽蔑を喚起するだけとなる。こうした類の偉大さによって自己を欺いている時期というものは、長続きはしない。模範的な探求者は、彼がそこから脱出しようとした価値体系、表象世界、最高目標のパンテオンを、一つずつ破壊することに取りかかる。のちにニーチェは次のように言っている。

これは戦争だ。ただし火薬も硝煙もない戦争、戦闘的身構えも、激情もなく、手足がねじれたりすることもない戦争である。そんなものがいくらあったって、それはまだまだ「理想主義」だ。私の本の中では、誤謬が次から次へとそのまま静かに氷の上に置かれる。つまり理想は別に反駁されるわけではなく、ただそれは凍え死ぬだけなのだ……たとえばここでは「天才」が凍え死に、その先少し行った所では「聖者」が凍え死に、そうかと思えば、太い氷柱の下では「英雄」が凍え死んでいる。そして最後に「信仰」が、いわゆる「信念」が凍え死に、「同情」もまた著しく冷却する――ほとんど至る所で物自体が凍え死んでいる……

〔邦訳15巻『この人を見よ』一一二頁〕

能動的な絶望の段階に入ることがどういうことか、これ以上うまく表現することはできないであろう。しかしニーチェの反省は、否定の熱狂に自己陶酔するには、あまりに醒めた明敏なものであり続けた。すでにこの反省の領野の果てに、決定的な問題が現れる。すなわち、たとえ諸理想は倒壊しても、これらの理想の出現を促す力はどう処理したらいいのか、という問題である。自己欺瞞は止められても、われわれが騙される衝動、われわれに嘘をつかせる衝動をどうしたらいいのか。ニーチェの思考は、幻想の熱力学に対比できるような領域に入り込む。彼は、いわば「幻想をつくり出すエネルギー保存の法則」に依拠する。偶像は倒壊するが、偶像崇拝的な力は不変である。諸理想は凍死するが、理想化する熱情は引き続き、対象を欠くがゆえに対象への強い欲望をもって徘徊する。騙されることは終わっても、嘘に養分を与えていた貯蔵庫が空になったわけではない。

この方向転換によってニーチェは、遠大な影響力を持つ思想家へと成長し始める。ニーチェの批判と比べると他のすべてのイデオロギー批判が息切れしやすいような印象を与え、自己批判の注意深さをほとんど恥ずべきほどに欠いたことの理由が、いまや明らかとなる。ニーチェのリアリズムは一時代先を見ているのだ。古代の神々の仮面をつけた演技に際してすでに、抑えがたい自己懐疑の深淵を見始めたのだが、その深淵からは、反省的な主体の原理的無根拠性という現象が見えてきた。その結果、彼が得たのは、不安も楽しみも与えること、すなわち、嘘の実存的不可避性を洞察したことである。この洞察が正しければ、哲学が何を生みだせるかは想像がつく！　あるいはむしろ——想像でき<u>な</u>い、と言うべきか。

嘘が強いられるのは、真理自体の本質に基づいている。その真理に、若きニーチェへは不屈の天才の持つ率直な積極的告白によって、偉大な思想家ショーペンハウアーの弟子であることを栄誉とする柔軟な受容性をもって、果敢に取り組んだ。しかし、われわれに嘘を強いる真理とは、いったいどのようなものであるのか。ニーチェはそれをショーペンハウアーに倣ってあからさまに口にする。真理とは、個体化という事実があらゆる生に科す根源的苦痛である、と。根源的苦痛という表現を単数形で用いることは逆説的である。というのも、個体と同じだけ多くの根源的苦痛の中心が存在するからである。個体へと運命づけられていること、それがすべての苦痛のなかの苦痛であり、人間的諸主体についてのもろもろの真理の真理である。しかし真理が、現存在へと「投げ込まれた」個人にとっての根源的苦痛であるなら、われわれにとって耐え難いものであるということも、真理に固有の本質に属することになる。したがってわれわれは、真理を認識しようとする意志を持つことはできない。もしわれわれが真理について直接何かを予感するとすれば、それは、通例真理を覆い隠している偽装と演出のベールが、何らかの不運によって時折取り払われることがある、という事情による。そういう場合、苦痛にせき立てられてわれわれは突然、必要以上のことを理解するのである。

しかしこのことは、周知の「真理探求」の諸形式、特に哲学者、形而上学者、宗教家のそれは、実際には、尊敬すべき嘘が練り上げられたものにすぎない、ということを意味する。認識の意志という巧妙な仮面に正体を隠した、制度化された逃亡である。真理への道と自称するものは、実際には、真理からひたすら逃れる道、耐え難いものから慰めを与えてくれるもの、保証を与えてくれるもの、心を高めてくれるもの、超越的世界への道だった！　ニーチェによれば、これまでの哲学の大部分は存在論的な嘘八百以上のものではないことは、もう間違いがない。哲学は、その真理に忠実であろうとする情熱の全部をもって、耐え難い真理に対して不可避かつ浅ましい裏切りを行い、形而上学的オプティミズムや彼岸を夢見る救済の空想を生みだしてきた。

しかし真理が、探し求められる何かではなく、恐ろしいものとして、いわゆる真理の「探求」すべてに先立ってあるとすると、知的誠実は予期せぬ状況に陥る。真理が自己を開示するのは、――そもそも開示することがあるとすればだが――まさに真理を避けようとする者である探求者や研究者に対してではなく、真理を探し求めないという冷静と勇気とを奮い起こす者に対してである。たしかに、勇気と冷静とをどのようにして奮い起こすのかは、それぞれの秘密にとどまる。また、真理探求の成果というのは、非探求的意識にとって不可欠な冷静と勇気を求め得た分だけであろうということは、充分考えられる。真理を探し求めない者は、真理に耐える能力があると自負しなければならない。それゆえ、すべての真理問題は結局のところ、耐え難いものを耐えることへの問題となる。おそらくこのことが、実存的な意味で真理探求には結局、方法が存在しないことの理由である。ラビリンスのなかで探し求められるのは、確実な認識ではなく出口である、というわけである。

　すなわち、ニーチェが、英雄主義、勇気、悲劇的英知といった言葉を持ち出すことを、大げさな自己様式化とか、男らしさの誇示として排斥してはならないのである。たとえそのうちのどれほど多くが、彼のハビトゥスにおいて重要な部分であるとしてもである。ニーチェの啓蒙のなかで勇気は本質的に、真理という出来事への関与に属している。というのも、彼にとって問題なのは、探求と発見のゲームではもはやなく、実験することと耐えること、可能な限り恐ろしい真理の近くにとどまることだからである。それゆえ、ニーチェに従うなら、引用符なしに真理について語ろうとする者は、非探求者、非逃亡者、非形而上学者であることを証明しなければならない。

根源的な苦痛を、すべての基礎の基礎として認めることによって、ニーチェの初期の思考は悲劇的、演劇的、心理学的なものとなる。真理が、耐え難いことを意味するなら、真理の認識をあっさりと、耐え難いものを耐えることとして規定することはできない。この耐え難いもの自体が、われわれに、無条件には破棄することのできない隔たりを強いる。それゆえ、恐ろしい真理についての真理とは、われわれが真理を、いつも捉えそこねてしまったということ、さらに、われわれは真理を、仮借のない現前の状態で認識するという誠実な意志を持つことすらできないということである。なぜなら、われわれが意志することができるのは耐えられるものだけだからである。それゆえ、ニーチェによるなら、真理について知るということは、耐え難いものとの間にいつも身を守るような距離が置かれているということも意味する。

古い楽観的な認識論はいつも一つになることをめざしたが、新しい悲劇的認識論のキーワードは距離ということになる。同一性と統一については、哲学者、探求者、夢想家が引き続き語ればよい！　未来の思想家や心理学者たちはもっと賢く、距離を置くこと、二元性、差異性をテーマとする。距離を置くことを知っている者は、哲学的心理学のまなざしを我がものとした。たしかに心理学者は、自分が他の人と同じように完全な真理にはほとんど耐えられないということを知っている。しかし、この認識によって彼は、一般的な自己欺瞞の芝居と生の嘘のゲームの拠点を獲得する。おそらくこの心理学者は、すべては芝居にすぎないことを認識している。けれども、彼は悲劇的な認識理論家でもあることによって、この芝居を真理の名において終わらせようとすることは不合理であろうことも知っている。恐ろしい真理は、まさに芝居の母である。真理の本質からして、われわれと真理の間には破棄不可能な距離がある。この距離は、われわれの日常的な世界内存在を根底から規定しているため、この距離があることに対して距離を取ることは、いくら努力してもわれわれには許されない。通例、恐ろしい真理の有する想像を絶するものに対する距離を、最終的に破棄したら、われわれは生き長らえることはできない。「われわれが芸術を持っているのは、われわれが真理によって破滅しないようにするためである」、というニーチェの文章は、われわれが真理に対して距離を置くのは、われわれが真理を直接持つ必要がないにするためである、と読み直すこともできる。存在論的に言えば、伝統的なベールづくりとしての芸術は、われわれが真理を持つことからわれわれを守るためにある、と。

認識批判者の仮面をつけたニーチェが、哲学という舞台において前例のない演技を見せたことは疑いようがない。今やわれわれは、これがもはや文献学ではないこと、これまでもそうではなかったということを理解するのか？　われわれは、この哲学的行動のなかで、どのようにして何か新しいもの、見きわめがたいものがはっきりした形をとるかを認識するのか？　われわれは、最も古い嘘としての真理について、新しいことを認識するのか？生自身が耐え難いことをもたらし続ける限り、虚構と研究という嘘の芝居のなかで避難場所を見つけるため、この嘘の想像力は汲み尽くされることがない。われわれは、この距離という理念がもたらすものを推察できるのか？　もしもこの理念が当てはまるなら、真理に対するわれわれの態度は、探し求め見いだすということについてわれわれがどのように想像しようと、不可避的な回避の態度、距離を置くことのできないような距離化の態度でしかない。しかし恐ろしい真理が、常にわれわれを真理に対して距離のあるような状態に置くなら、われわれはもはや真理を単純に「持つ」ことはできない。われわれが真理について何を言おうと、真理は言われたことのなかには、すでにもう「ない」のだ。すなわち、われわれは、幻想を持たないことが可能であるという幻想に屈することは、もはや許されない。われわれは真理そのものによって、偽装という罰を課されている。幻想はわれわれにとって、恐ろしい真理と関係する最も適切な方法であろう。われわれは、可能な限り真理をすでに回避しているという仕方でのみ、真理を持つであろう。

　これらのことすべては、想像を絶する諸結果をもたらす。なぜなら、今後われわれにとって、真理の完全な言表可能性は、妄想［Chimäre］となるからである。たしかに恐ろしい真理は、すべての言明に先行する。しかしこの先行する存在は、先にあるものが後に来るもののなかに「表現」されたり、提示されたりする可能性がある——例えば象徴のなかの理念、あるいは記号のなかの対象のように——ということを意味しない。恐ろしい真理は、われわれが表現したり、提示したりするすべてのなかには、もはや現存しない。個々の言明の真理価値を保証するのは、真理ではない。それは次のように定式化されるかもしれない。言明は今後、いわばそれだけにとどまる。叙述は、それが叙述すると申し立てるもの、すなわち真理から見捨てられており、したがって最終的な審級の承認なしに、自己自身に基礎を求めなければならない。「完全な真理」がそこに関与することは、もはやありえない。「完全な真理」は、「その」叙述のなかにはすでにない。したがって、記号は自身のもとにとどまる。それらの根拠は、それらの内的関係、それらの体系、それらの文法、すなわちそれら自身の「世界」以外の何ものでもない。

それと同時に、「完全な」真理から見捨てられた記号の破局が始まる。痛ましい、しかしまた刺激的な破局である。アンビヴァレントな災禍の可能性と危険性とを肯定的に舞台化する最初の者は、ツァラトゥストラと呼ばれることになろう。この非道徳主義の告知者が同時に、預言的弁舌の再発見者であることは、偶然ではない。私の意見では、『ツァラトゥストラはこう語った』は、舞台上での真理「叙述」が終わった後に演劇の可能性について試みられた実験であり、その成果は今日に至るまでじゅうぶんには考え抜かれていない。それは、保証なき純粋な自己言明による、絶対的演技の可能性についての最初の仮説である。それは、代理的演技から提示的演技への移行を具現しており、したがってまた神に見放されていることとの意味論のための稽古を、つまり、「真理」不在の状態で語るための稽古を具現している。ツァラトゥストラの発言は、言語音楽に転調された音であり、その音が響くとき、それが鳴り響くのを妨げるかもしれないものすべてと激しく決着をつけようとする。いわばそれは、音楽となったニヒリズム、あるいは非道徳主義となったメロディーであり、このメロディーはそれが響き始めるのを、もはやこの世のどんな審級によっても許されたり、禁じられたりすることを容認しないであろうし、それが現実的に響き始めるという小さな絶対性のみに支えられて、もはやどんな他人の外的な規範にも服さない。ツァラトゥストラの歌は、ディオニュソス的放縦の大胆きわまりない自己演出であり、言語による保証なき自己肯定として舞台の上で爆発する。その際、ニーチェが反キリストのようにふるまい、すべての失敗した嘘の総括概念である道徳からの救済者として現れることは、この視点からみると、過度の自惚れの表現ではなく、新種の芸術理解や真理理解を支配する首尾一貫した論理に従っている。なぜなら、自分がどのような者であるか、あるいはどのような者であろうとしているかにかかわらず、自己を肯定的に提示できるためには、熱狂的で無防備の自己を描写する者は、それまで文化と称されてきたもの、すなわち抑制、自己物象化、自己否定の強制に付着した有毒な心の重荷を伴う、利他主義的で二元論的な価値体系の総体を、転倒させざるをえないからである。

ここで少し言葉を差し挟む必要があるだろう。ニーチェが真理について言うことが正しいとするなら、実際上二つの真理が存在することになる。その耐え難さのゆえにわれわれを追い立てるような恐ろしい真理と、必須の仮象であり生気を与えるものとしてわれわれを包み込むような耐えうる真理の二つである。この仮象は必須のものとして、独特の存在論的尊厳と密度を与えるのかもしれない。それは不穏な想像を絶するものを見通すことのできる最終的な手段とはなるのだが、しかしそれだけに終わるわけではない。すなわち、仮象は、真理に還元されないのであり、したがってそれは、形而上学のこれまでの伝統的な見方とは異なり、ある「本質」の「仮象」ではもはやない。いまなお耐え難いものが耐えうる仮象の世界に先立って存在しているにしても、そのことは、耐えうるものの自己主張を損なうことはない。仮象は、事後的に自律的となり、後天的に必須のものとなる。では、仮象が栄えるためには、さらに何を必要とするのだろうか。

哲学的観点から見て『悲劇の誕生』で何が誕生したか、いま初めて明らかとなる。ニーチェが行った、コロスの本質についてのぎこちなく早熟な詳述から解読できなかった者は、その後モチーフが発展した結果、それを受け取らざるをえなくなる。古代コロスがディオニュソスの代理表象ではもはやなく、ディオニュソスであるということ、そしてこのコロスはこの自己に狂喜した音の塊であるという論述が『悲劇の誕生』において暗示しようとしたことは、ニーチェの芸術形而上学的発展のなかで、特にツァラトゥストラが提示するもののなかで、明白かつ肯定的となる。すなわち、より深い意味など地獄に落ちろ！ より高次の真理など悪魔に喰われろ！ 表現に対する意味の先在に終わりを！ 名に栄えあれ！ 響きと煙に栄えあれ！ 音と像に栄えあれ！ 仮象に栄えあれ、自律的象徴に栄えあれ、絶対的演劇に栄えあれ！ という主張である。意味、真理、深淵、神々は、これからは自分のことを心配しなければならない、それらはもはやわれわれには何の関係もない。というのも、われわれに関わるべきすべては、仮象でなければならないからである。すなわち、耐えうるもの、具体的なもの、表象できるもの、絵姿、音、肉体、興奮、接触、身振り、趣味でなければならないからである。

実際、見てみるだけでじゅうぶんなのである。耐え難い真理は、いったいどこにあるのか。この瞬間、生を与える距離が、われわれを真理から隔てる。そして、まっすぐに前を見てこの世にあるものに注意深く聞き耳を立てると、具体的な物として存在する仮象が相対的には耐えうるものとなっていることを見聞する。このことは、芸術が生まれるとき、コロスが唱うとき、ツァラトゥストラが彼の言葉の音楽を響かせ始めるときには、より一層当てはまる。「無限に豊かな光と無限に深い幸福から、一滴一滴、一語一語が生まれる――優しくゆっくりとしているのが、この話し方のテンポである。」音と表層からなる、耐えうるだけでなく、熱狂させるような中間世界が栄え、恐ろしい真理の深淵が覆い隠される。記号と感覚性の戯れのもとに、情熱的にとどまることが重要なのだ。理論家や放心状態にある者が不断に行っているような、存在しないものの想像に沈潜することはしてはならない。もしこの世界がそう見えるとおりに、最初の真理である根源的苦痛そのものが、耐えうるような中間真理の世界を生来させるのだとすると、われわれは、「そのことについて」は考えず、明瞭な知覚から逸脱して想像などに飛び出してしまわない限りにおいて、その中間真理の世界を拠り所とすることができる。その中間真理を拠り所とするのであれば、われわれは、抽象的に根源的苦痛を想起させたり、想像上その再来を予想したりすることは、許されないだろう。かつてあったこと、また再び来るものは、過去および未来においてそれぞれの登場のタイミングがある。しかし誕生の苦痛も死の苦痛も観念のなかに呼び入れようと努めず、したがって耐え難いものや想像を絶するものを究明せずそのままにしておく者は、感覚的現存からなるような中間的世界をすぐ目前に見つけることができる。そしてこの中間世界、あるいはニーチェが『悲劇の誕生』でオリンポスの領域を名づけた言い方に従えば、「中間的世界」でのみ、通常の人間の運命が展開される。この中間的世界では、最後のものではないものが最後のものとなり、暫定的なものが最終的なものとなる。中間的世界は、人間が過ぎ去るものをまるで究極のもののように扱うことで成り立つ。しかし、中間的世界の精華は芸術であって、これが悲劇的なものに高まることはほとんどない。悲劇的な芸術とは、それ自身が最高の哲学であるような芸術である。そこにおいてはじめて、仮象の輝きは反省的となり、眩暈のするような高さで、自分の正体が幸福な嘘であり、最も正直な詐欺であるという秘密をばらす。美しいもの自身が、脆い耐えうるものとして、自らを耐え難いものの根拠の前に置くこと以上に、真理のそばに寄ることはない。「哲学が芸術ならば……」、ハイデッガー流に言えば、耐えて実存することとの芸術とは、耐え難いもののなかに差し出されていることを意味する。

こうして、美的演技に関する自己観察は、ニーチェの哲学的知覚の集結点の一つとなる。嘘をつき、創作し、偽装するエネルギーの活発な活動としての芸術現象は、探求と不可分の生の自己客体化に、魅力的な可能性を提供する。なぜなら、深い傷と強い衝動とを持った諸個人にとって、自己の存在の限定された形態を受け入れ、ある特定の仮面のもとで満足する可能性はたとえないにしても、美的な力を出し尽くすなかで自己を経験し、少なくとも芸術家として自身について示すことができる限りのものを、自身の真理として措定することが許されるはずだからである。たとえその真理はすぐに古くなり、忘れられようとも、少なくとも私の自己生産の疾走が私のなかから取り出したものは、私はもはや疑う必要がない。そして、たとえ私は、すべての個体化された生と同様に、耐え難いものから耐え難いものへと転落しているにすぎないということが真であっても、この転落の途上で、私はできる限り私に耐え、私自身のもとにあり、活発な仮面としての私の現実的存在の基盤を、疑い続けながら危うくする必要はもはやない。演ずるがゆえに私は存在する［Fingo ergo sum」。

すなわち、確固たる基盤を欠いたような自己生産にあっても、それが自己を現実的な仮象の一定の部分として生産する限り、意義がある。美的主体は自己生産によって自己への疑いの渦を通り抜け、ある還元不可能な、誰にも見抜かれることのない実存の、最初の、おそらく唯一の、予兆を獲得することができる。すなわちそこには、見られるもの、見せることのできるものがある。それ自身の経験において自己を予測し、正当化できるものである。すなわち、純粋な自己知覚が芸術家に、その力を出し尽くす瞬間に、それは私だった！と呼んだものへの疑いなどなしに、世界は没落してよい。私はこうなったのだ！この成果にとって私は、媒体として必要だった！それは、芸術作品としてはあまり値打ちがないかもしれない、しかし、そのなかで語っているものは、私を通じて語った！私ははかない存在かもしれない、けれども私のはかなさは、ひとつの芸術的出来事への私の関与によって現実的なものへと止揚される。

ニーチェの自己意識の運動は実際上、彼の大いなる文学的活動の光跡と結びついている。

彼は、仮面から仮面へと自己自身を客体化することで、自分に対して自己誘惑の暴力的魅力を及ぼし始める。あたかも彼は自分に、ついに自分を見いだしたと公言するよう、説得しているかのようだ。いずれにしても鏡のなかから彼を見返したのは、もはやひ弱な文献学者、精神的下僕としてのショーペンハウアー崇拝者、ヴァーグナー崇拝者ではなく、自身を天才と、思索を宿命づけられた者と確信した男の姿であった。楽しい学問の著者、ツァラトゥストラの詩人、時代の最高の心理学者、すべての価値の転倒者、どれであれ、ニーチェが客体化された自己として見いだしたものは、付随的なものではない。けれども、ニーチェをナルキッソスのように自己像へ没入させるもの、自分のなかで溺死させようと誘惑するもの、それは何なのだろうか。

この大胆な自己演出者は、明らかに、その自己舞台化のきわめて危険な高みにあっても、その仮面を撤回し、そしてそれらをはかない顔として、つまり、ある潜勢力の一時的な具現として、究明せずにそのままにしておく可能性を留保している。どんな探求も、ア・プリオリに苦痛から狂気への逃走に向けてプログラム化されているわけではないが、ただし、思考する演者が自身の演技を演技として理解し、生を耐えうるものとしてとどめておこうとじゅうぶんに要請しなければならない。このようにして彼は、その精神航海術の循環をゴールに導き、神の具現の最後の致命的な幻像を自身の背後で焼却する。実際のところ、ツァラトゥストラ以後の時期のニーチェは、苦しみの圧迫がゆるんだとき、絵姿を持たない平静に近いところにいた。しかし結局は新たな絵姿が彼を浸食し、荒廃させてしまった。

これとともに、ニーチェの変化についてのわれわれのドラマトゥルギー的省察は、臨界点に触れる。舞台の上の思想家が自己を、ツァラトゥストラという苦痛に満ちた崇高な登場人物となって、具現可能なぎりぎりのところまで演じきった後で、彼に残されていたのは、いったいどのような「仮面」だったのであろうか。彼にとって、ツァラトゥストラ以後の戯れるような軽やかな身振りは、どこで見いだされたのだろうか。不可能だった予言的提示を、五回目の仮装によってどのように止揚し、ディオニュソスを非道徳主義的に具現する試みを維持したのだろうか。そうした演劇的爆発の後に残っているのは、かろうじてひとつの否認だけではないのか——それが狂気への逃走であれ、沈黙への退却であれ、あるいは賢い道化への変身であれ。ニーチェはこの退場したツァラトゥストラという困難な立場のまま、新たな役を担うことなく、自己経験を継続した。

この大仕事（ツァラトゥストラ執筆の熱狂的な日々をさしている；P. Sl.）を除くと、『ツァラトゥストラ』にかかっていた数年と、特に書きあげた後の数年とは無類の困窮状態であった。不死であるためには人は高い代償を支払わねばならない。そのためには人は存命中にすでに何度も死ぬのである。偉大なるものの遺恨と、私が呼ぶものがある。偉大なるものは、一つの作品であれ、一つの行為であれ、いったん成し遂げられるとすぐさま、それを成し遂げた当の本人に報復する。彼はそれを成し遂げたというまさにそのことのゆえに、以後彼は弱くなるのである。彼は自身の成し遂げた行為にもはや耐えられない。その行為をもはやまともに見られない。望んだからとて得られるわけもなかったようなこと、人類の運命の結び目が結び込まれているようなこと、そんな偉大なことを成し遂げてしまって、今ではそれを自分の背後に持っている。そしてこれからはそれをわが身の上に背負う！……これでは押しつぶされてしまいそうだ……偉大なるものの遺恨とはまさにこのことだ！

［邦訳15巻『この人を見よ』一三八―九頁］

ここにドラマの転回点も公然となってはいないか。背後を見よ、という、この不幸な強制がである。自発的な自己と想起される自己とへの、自己のこの不断の二重化がである。自己自身を、最も壮大な自己像の具現として手に入れようとする、絶望的な企てがである。これらは実際に、「偉大なものの遺恨」である。というのも、自分の自我をそれと一致させようとする者を窒息させるからだ。疑問の余地がないのは、ニーチェは自己をきわめて頻繁に、真正の媒体としての状態で体験したということである。彼は、疑いが後退することも、彼の諸力が形を取る際にほとんど夢遊病的ともいえる危うい安定のあることも知っていた。

しかし、偉大なものの無意識的な基本的構造は、そうした体験の解放的作用を次々と打ち砕いた。自我のない創造的体験の、事後的な自我を備えた自己評価がくり返された。かくしてニーチェは自己を、賞賛する自己と賞賛される自己へと、絶え間なく二重化せざるをえなかった。彼は、その心理学的な才にもかかわらず、自らを賞賛させ、評価させる、あるいは承認されない場合には自分で自分を喧伝することを必要とする態度へと、くり返し逆戻りした。それによって彼は、永続的な自己搾取と、自身の活気と思考力とを資本化し続けなければならないという罰を科された。きわめて古い価値機械から常に新しい作品が搾り出される。常に死んだ自我を自己評価しなければならないということが、生きた力を発揮することよりも優先される。この自己評価の構造にとらわれたままでいる限り、彼はしかし、評価することのテロリズムから自由になれない。また、「すべての価値の転倒」も、救いを意味するものとならない。かくして危機の瞬間が近づく。それは偶像の黄昏よりもむしろ偶像の具現という事態になるだろう。主体の価値体系が主体を解放するのではなく、主体は自己を自己利用の素材として酷使するであろう。ニーチェの構造は、価値を創造する苦しい壮大さを選択するよう、あらかじめ定められている。実存的な幸福と価値創造的な偉大さとの間の選択では、彼のうちの「エス」は常に、恐ろしい自己犠牲を伴う場合でさえ価値創造に役立つものを選ぶのである。(2)

私の考えでは、力への意志というニーチェの定理を発展させる理念の複合体は、この点からこそもっとも良く理解できる。おそらく、円熟した、あるいは後期のニーチェを専門的に扱い、その力への意志に関するアフォリズムをニーチェの哲学的基礎理論と解するのはニーチェ研究の悪癖であり、しかも最も危険な類の不注意である。妹エリーザベトによる「主著」の編集が改変と認知された後にもである。それとは反対に、決定的な点において、後期のニーチェに対して初期のニーチェに正当性を与えることに固執しなければならない。そして、『ツァラトゥストラ』のニーチェと『力への意志』のニーチェは、実証主義者としてふるまってみせた中期のニーチェよりも『悲劇の誕生』のニーチェにはるかに近いところにいるということは指摘されてきたが、しかしこの親近性が、ニーチェの哲学的経歴の最初と最後の真理モデルへと正しく関連づけられることはなかった。最初と最後を結びつけると、力への意志論は、われわれが『悲劇の誕生』から読み取ったあの否定的モデルの、いかがわしいと同時に絶望的な肯定的実在化であることが示される。より早い時期の真理モデル、「耐え難いものは、芸術への強制を科す」は、怪しげな力学的エゴイズム形而上学への途上で、肯定的なものへと転じられた。それは耐え難いものの弁証法への記憶を取り去られ、後期の真理モデル、「力への意志は、生に役立つという仮象をつくり出す」に書き換えられている。

すでに初期のニーチェにとって、生は、永遠の相の下で［sub specie artis］見ると、本質的に詩作する自己叙述であり、その運動は、耐え難いものから耐えうるものへと進み、根源的苦痛によって生み出された芸術意欲、芸術の必然性を意味する。だから芸術意志は、構成的な偽装によって、それ自身にとっては第一のものとして現れる。けれども批判的な反省にとっては、それは第二のもの、後発的なものと認識することができる。というのも、まさにそれは、耐え難いものの自己隠蔽に基礎を置いているからである。耐え難いものそれ自体については、われわれはいつも、間接的にしか知らない。個体化という惨事がわれわれに残した記憶の痕跡という形でか、あるいは、耐え難いものとの直接的な出会いの秘密とともに没落する人びとの痙攣を身震いしながら見ることによってである。それゆえ、幻想への意志は、それ自体には根拠がなく、幻想への強制にその理由がある。しかしわれわれは力への意志の定理を聞くと、より複合的な構造への記憶は、ほとんど洗練されていると言ってよいような方法で取り除かれているように見える。ニーチェ後年の思考は力への意志を第一位に昇進させ、意志という事実におけるあらゆるより古い必然性を消滅させてしまう(3)。

その際、ニーチェの芸術存在論的な基本思想は、さしあたり納得のゆくものである。個体化された生とは本質的に、苦痛の快楽と衝動性の根拠についての詩作する自己描写だとすると、その場合にはわれわれは、世界の協奏曲は全体として、相互に戦いかつ相互に頼らざるを得ない自己創作という騒音を包括しているといってもよい。生は、すでに個体化の苦悩からして、芸術への強制のもとにあるから、生は自己のうちに衝動を見いださざるをえない。ニーチェはその衝動を、力への意志として同定したが、それは第一に他者に対して、自己自身の真の生きるための作りものの嘘を押し通そうとする意志を意味する。とはいえ、力への意志は依然として力への意志への強制を前提としている。たしかにどんな活発な自己創作も、実現への意志なしに存在することはできない。けれども自己創作そのものは、すべての意志に先行する詩作せざるをえないこと、そして詩作できることを前提としている。

さて、いまやどのようにしてニーチェがその初期の洞察を主観主義的な意志の形而上学で裏切るかを、示すことができる。生が自己創作なら、力への意志は生の可能な一つの解釈にすぎない。それもおそらく根本的な解釈ではない。というのも、あらゆる意欲よりも、能力のほうが先になければないからである。それゆえ、力への意志の公理がもっともらしく感ずるのは、美的なもののなかに移しかえられたホッブズ的社会ダーウィニズムを念頭に置いている者だけである。いわば最後に最も優れた者を淘汰する、すべての人のすべての人に対する芸術による戦いを見ている者だけである。ニーチェ自身、特に同時代人ダーウィンの影響のもとで、絶対化された論争学のそうした幻像を用いたことは、あらためて示す必要がない。しかし、実際のところ、生の自己創作的構造はその能力を引き受けることによってのみ最良の形で発展することができる。それゆえ私は、力への意志は、能力の主張が倒錯したものと考える。力への意志のようなものが最後の手として持ち出されるとき、そこでは主体はすでに自身の自己創作の力に不信を抱いており、意志を保証とすることで自身の安全性を担保しようとしているのである。自分の能力に疑いがない限り、どのような力への意志も仮定される必要はない。

しかし自分のものを信じることができないということが、どの程度までニーチェの論理を駆動する原動力となっているかを、われわれはすでに示唆した。能力が対抗する大きな力によって妨げられていると感じるなら、それはますます、洗いざらい自分を表出しようと欲せざるをえない。能力が自身を欲することは根本において力への意志の構造を持つことはなく、欲することができるということへの意志の構造を持つ。この欲することができるということへの意志は、素朴で、不屈で、拘束されない強さを復活させたいという幻想以外の何ものも意味しない。その能力は、何かができ、何かが許され、また機会に応じて何かを欲する。おそらく、意志を、機会的なものから原則的なものにしたことが、心理学的かつ哲学的に見た場合、ニーチェの最も憂慮すべき誤りなのだ(4)。

そう考えるなら、力への意志の構成は抑制されすぎた強さの徴候と見ることができるだろう。それはけっして弱さと同義ではなく、その反対に、強さに良心の呵責を感じていることを示している。抑えつけられているということにがまんできないエネルギーである。それゆえその強さは、抑圧からの解放を熱望して非道徳的な解放行為で自己を放出しようとする。しかしそれは悪意を野放しにするためにではなく、強さの絶対的な表現を称賛するためである。この称賛が、身体の無垢というユートピアに鼓舞されているということは、ほとんど言う必要がない。それは、文明化の過程のトラウマが異議申し立てを行うユートピアである。そこで語る傷つけられた生の声を聞き逃すことはできない。それゆえその声は、反乱としては抑圧の運命と弁証法的に関連している。あらゆるキニク主義的行動と同じように、その声は生を成功させるための非道徳主義の貢献である。生が成功するためには、意志という手段や挑発も投入され、道徳的抑制とトラウマの世界が吐き出される。

私は、力への意志に関わってニーチェの説を、第一に、より古い、いわば基礎存在論的洞察を主観主義的に撤回したものとして理解し、第二に、この撤回を、ディオニュソス的キニク主義の行動として、思想家ニーチェのサイコドラマに統合することを提案したい。私の見るところでは、力への意志は、直説法で読まれるべき「形而上学的」テーゼではなく、仮説的ドラマ的なポーズである。その真理価値が議論の対象となりうるのは、「究極的な事実」としてではなく、諸力の危機のもとでの一服の知的処方箋としてのみである。私はそれに対応するニーチェの言明を、ハイデッガーとは異なり、一貫してヨーロッパの形而上学の能動的ニヒリズムへの完成としては読まない。この大きな解釈がどんなに魅力的であったとしてもである。その解釈は、ニーチェの著作の個々の思索上の線を解釈するには示唆的であるが、しかし、ニーチェの反省的演技のドラマ的な絡み合いに入り込むほど、信じられないものとなる。力への意志を、私は、自己治療的な処方、あるいは、根底から主観主義的隠語によってすでに放下という基礎存在論的なモチーフを追求する、逆症療法的な処方として読む。なぜなら、力への意志の中核は、まさに意志の外へと連れ出すもののことだからである。それは放下を「欲する」、自己の生の制約に身を任せることができるという意味で、また純粋な知的存在可能性へと流れ込むよう気ままにすることが許されているという意味で放下を欲する。しかし、自分が欲することを許されるため、彼は、経験から悪意を持つようになり、判決と抑制に身を晒すことがもはや必要ではないような主観主義的な主権という武装を必要とするのである。

ただそれゆえにのみ、ツァラトゥストラは、新たに権威主義的な音調で、すべての古い権威からの解放という彼のエートスを告知せざるを得ないのである。ニーチェは、彼の放下を信じられないため、法からの自由を立法する者として登場せざるをえない。彼のエネルギーはほとんど余すところなく、法からの自由を主張し尽くすことが許されるために使われる。反キリストの仮面をつけたニーチェの登場のドラマ的展開は、ただ一つの文「私は許されることを欲する」にまとめることができる。しかし許されることを欲することは、欲するようになる前にそこになければならない能力のパロディーにすぎない。この意志の背後には、欲せざるをえないということがあるから、欲するということと、せざるをえないということとは、同じ不自由の領域に属する。おそらくニーチェは、その執拗な意志への固執のゆえに、「おまえには可能だ」という解放の言葉が、彼の「私は欲する」に先んじるということを、経験することができなかったのである。彼は近代のたいていの道徳学者と同じように、正義の根源は許可に、つまり富の受け取りにあるのであって、狭量な弁証法が考えるような禁止にあるのでも、ある断固とした価値評価への建築主的な適切性にあるのでもないことを見損なっている。この後者の価値評価への適切性ということは、ニーチェの、非道徳主義的な正義概念にとって決定的なものとなるのだが、私はこのテーマを、第五章で再び取り上げることにしたい。というのも、「私は許されることを欲する」はいつも不可抗力的に、「おまえはすべきでない」の裏返しにとどまるからである。反抗的な意志は、服従と反乱との彼岸にある、闘争のない存在の可能性に身を任せるという経験をしそこなってしまう。公正な許可に支えられているという経験は、このこと以外の何ものも意味していない。同時にこれは、他の愛が先んじていたことを認めるような、出しゃばりでもなければ気後れしてもいない自己愛の経験であろう。これらの経験はただ一つのことを共有している。すなわち、それらは意志からはもたらされない、ということである。けれどもニーチェは、この領域では、ほとんど命取りとなるような剥奪状態を目のあたりにして屈せずにいるしかなかった。

もちろん、放下への意志によって放下はけっして達成されない。自己創作が、自己背信的な権力への意志という防盾の背後で行われようとするなら、自己詩人の表現は、明朗快活なものではなく、求められた自発性の痙攣にとらわれるだろう。恥知らずな言動が原理へと高まり、それによって誤ってプラトン化されると、恥知らずな言動のアレゴリーにすぎない発言、したがって恥知らずな言動ではまったくない発言が、突然現れる。ニーチェは、このことも分かっていた。「すべての悪徳が始まっても、われわれは依然として徳の近くにいる！」徳はすべての悪徳の始まりである、ということを、この最も柔和な非道徳主義者よりよく理解した人はいない。その上、彼にあっては、「極上の繊細さ」（ルー・ザロメの表現である）は、アレゴリー的残忍さの発端となった。悪への意志として、恥知らずな言動は、あの神のように無邪気なとらわれのなさのパロディーとならざるをえない。とらわれのなさとは、努力しないですまそうと努力するときにはいつも想定されているのである。

観客は、重苦しい雰囲気で、ニーチェのエンドゲームを見つめる。彼らが見ている男は、自分の最終的な洞察を自らの身とともに破綻させざるをえない。それゆえ、今後は眺めることは苦痛となる。この著者のように、自分が自分「自身」を手に入れることができるであろう領域を得ようとするあまり、原理的な仮借のなさを望まざるを得ない者は、破滅に追い立てられる。能動的なニヒリズムは、自分自身との友好的な関係を失った人間にとっての恐ろしい埋め合わせにすぎない。反乱は実体化されてはならない。この思想家は、数千年来の利他主義という嘘の裏返しとしてのエゴイズムを性急に告知することで、彼自身、ひとつの仮借のない原理上の闘争の戦場となる危険を冒す。その戦場でも、古色蒼然とした愛他主義的暴行のなかでも、彼自身の安寧は何の役割も演じることができない。ニーチェは、エゴイズムのますます激越化したアレゴリーを自分のなかから外へ持ち出すことによって、最小限の正当なエゴイズムを忘れてしまう。その最小限のエゴイズムは、哀れな生き物に大仰な仮面をつけることでその恐ろしい賢さを耐えうるようにするために必要だったのだ。エゴイズムへの意志に気を取られていて、ニーチェは、いかなる原理の支えもなしに、いま置かれている状況に基づいて、エゴイズムが許されていたはずの、そうした存在者として自己を受け入れることをなおざりにしてしまった。彼は、以前から承認されていたもの可能とされていたものを、自分が望んだものへと移しかえようとする。ひょっとしたらそれは、すべてのよき精神から見捨てられてあること以外の何ものにも頼らなくともすむようにするためだったのかもしれない。こうして、恐ろしい真理が彼に近づきすぎだのではないか。

ニーチェは晩年には、まったく前代未聞の自由や、極限まで突き詰められた放縦、究極の高揚を喧伝する。しかし誰も彼に答えることはなく、この思想家は、自身の逆説的状況とともに一人取り残され、彼の自由は形而上学的な罰に等しいものとなる。ツァラトゥストラは、エゴイズムの道化師のように、その孤独から出て舞台へ上がり、そして観客に自由を与える。その自由を、この思想家は手にしただけで、けっして受け取ることはなかった。彼の偉大さとはおそらく自分に欠けていたものを与えたことであり、そして彼の運命とは、彼が次の人に渡そうとしたものをけっして自分のものとしなかったことだ。彼は、その意に反して、最後の利他主義者だった。

註

(1)古いヨーロッパの形而上学的語彙から離反するに際して、その不格好に物理学的な、あるいは時代遅れの生気論的な言葉遣いから逃れられないのは、差し当たりやむをえないことだろう。ここでもやむを得ずそうなっているが、それは古い、また厳密な意味では不適当な語に、新たな意味を与えて使うことは可能だろうと考えているのだ。重要なのは、古い物理学的エネルギー概念において、形態・構造・情報の契機を過剰に考慮すること、すなわち、伝統的には形而上学的二元論の精神の側に含まれてきたものを、いまやポスト形而上学的なタイプの物質・過程・テクストの概念に含めることである。

(2)どうやら心的なものにおいても、資本蓄積——単に隠喩的にだけでなく——に類似した過程が存在するらしい。仕事をし続ける主観性は大方、主観的資本あるいは学習する精神機構に自己を組織した。主観的資本主義は、知的サブカルチャーの心的現実である。戦い、自己を利用する知性の蓄積強制、拡張強制に対して抵抗し続けるような言語で、知的な公衆と意思疎通しようと試みる者が感じなければならなくなる、荒涼たる連帯感欠如の理由は、おそらくそこにある。

（3）このことは、少なくとも、彼の反省の公的、教育的、修辞的な相には当てはまる。内密な洞察においては、ニーチェは「力への意志」を、主観性が秘教的喜劇となって顕現したものと見抜いていた。

（4）ハンス・エーベリングはその論考『機会に応じた主体。法・立て組み・骨組み』(Freiburg-Müünchen 1983)で、主観性の弱体化理論における機会的モチーフについて考察している。

Ⅳ

ディオニュソスがディオゲネスに出合う、あるいは身体化された精神の冒険

「きみは一つのより高次の身体を創造すべきだ、一つの第一運動を、自力でころがる車輪を創造すべきだ……」

［邦訳9巻『ツァラトゥストラ』「子供と結婚について」一二五頁］

『悲劇の誕生』における悲劇という舞台設定は、われわれが示唆したように、すでにツァラトゥストラ登場のための準備だった。七〇年代初期のニーチェも、同時代の読者も、そのことにまったく気づけなかった。しかしニーチェがはっきりと感じたのは、この本のなかで、哲学上の地震がその最初の波を送ったという事実だった。その一方で、同僚たちの抵抗と専門家たちの沈黙は何を意味していたのか。アポロン的とかディオニュソス的といった仮面も、この激震と比べたら、副次的なものにしか見えない。なぜなら、若きニーチェがソクラテスという名の観客に対して悲劇の舞台の端で行ったことは、舞台上にはっきりと見える出来事よりも重要なことになったからである。ソクラテスとは出来損ないの哲学的考察という宇宙全体の代名詞である。決定的な打撃を与えることは簡単なことだ、あるいは、ほんとうのドラマは舞台の端で演じられる、という命題をあたかもニーチェが証明しようとしたかのようだ。

私は、この作品のなかのある部分を、言葉の一部は改変しても、新たに、劇的な出来事が立体的に現れるように物語ってみようと思う。

何が起こっているのか。悲劇という芸術的舞台を踏むことでニーチェは、好むと好まざるとにかかわらず、ディオニュソスがその名の冠された祝祭劇において、結局のところもはやアポロン的な象徴の強制に対抗できないという経験をする。たしかに悲劇の魔力は、山羊の礼拝の歌唱に基づいている。しかし歌唱しか知らないような山羊は、長期的に悲劇的な印象を与える、という面もあるのではないか。音楽以前に、ドーリス式事前検閲の犠牲になった、いっそう正真正銘の忘我やより密度の濃い恍惚が存在したのではないか。陶酔の神は、そうした割礼に屈するのだろうか。この神は、美的な犠牲というまやかしに怒らざるをえないのではないか。その報復は、すでに運命的なものとして決定されているのではないか。

そのとき舞台の周縁部に、一人の目立たない登場人物が現れる。その名は、ソクラテスというが、これは偽名、あるいは少なくともこの男の完全な名ではないと推測してもよい。この登場人物は、ドラマの崇高さに対して何の理解も示さず、他の人びとの芸術への陶酔を共有しない。その人物は、ただ座り、身体を前後に動かし、首を振り、欠伸をする。時折、大声で口出しし、筋の進行に関して理論的な提案をする。彼の考えによれば、英雄たちは、ただあれやこれやのことを考えていれば、必ずしも没落しなくて済むはずだ……絶対に！　哲学者が一人、悲劇の劇場へと迷い込んだのだろうか。このおかしな客のふるまいは、耐え難いものだ。英雄の瀕死の悶絶においてもなお、彼は、下劣きわまりない楽観論を公言し、「それはそうである必要はない、事態は違ったふうに展開したかもしれない、運命には固定したシナリオなどない、われわれは何か別のことを考えるべきだ！」と、つねに言おうとしているように見える。ディオニュソスの真の信奉者は、これほどまでの不真面目さからは、不快感を抱いて目を背けるしかない。生を悲劇的に取らないというような悪趣味な者は、実直な流派のディオニュソス論者にとって、ふさわしい交際相手ではありえない。やはりそうなのか、あるいは、まさにそれゆえにそうなのか。

ともかく、悲劇を覚悟して支持する者は、ディオニュソス的苦痛が、ディオニュソス的快楽によって補償されるということを否定しないであろう。いや、単に補償するのではない、基礎づけ、さらに凌駕しなければならない。この快楽が、楽観論と快適さの仮面で覆われているなら、それは、遊び好きの陶酔の神にはつきものと認めざるをえない底知れぬ皮相さにふさわしいものだろう。その上、悲劇が喜劇に反映することは、悲劇の精神に基づくことではないのか。苦痛が消滅するのは、快楽が永遠性への要求を掲げるためではないのか。

いずれにしても、ディオニュソス論者、あるいはディオニュソス学派は、警戒態勢に入った。観客のなかに、ちょっと見ただけで当然軽蔑せざるをえない者、目を離してはならない者がいる。その者がいることによって、何か不安が感じられる。おそらく彼は、予測されていなかった神の具現なのだろう。彼はまるで、白痴、浮浪者、小理屈をこねる猿のようだ。しかし誰がその正体を知ることができるのか。ひょっとすると彼は、あの笑う神の狡猾な仮面なのか。神話によれば、その笑いからは神々が、涙からは人間が生まれた、と言われている。しかしそれにしても、神の笑いがこんなにも才気の欠けたものとは思われてはいなかった。この男はいつも、間違ったところで笑い、つまり笑うべきでないところで笑い、話すべきでないことを話し、座るべきでないところに座るからだ。そして何も理解しない。個体化のドラマ、分断化の苦痛、英雄の形而上学的絡み合い、ジレンマの殺人的暴力について、何も理解していない。もし彼が理解しているなら、どうして笑っていられようか。もし彼が共に苦しみながら神と一つになる能力を持つなら、どうして、その悪趣味な上機嫌に耽り、腹をいっぱいにし、悲劇の演じられる大空の下で主なる神を一人の善人であらしめようとするなどということができようか。

それにもかかわらず、この浅薄な道化役は執拗に、神のお供をしてあちこちほっつき歩く。彼の誉められるべき唯一のことは、彼がどんなに軽蔑されても迷わない、ということである。「何の用があってここにきたのか」、「そもそもここにいていいのか」、といったすべての問いを、彼は、皮肉な目配せで回避する。あたかも彼は、「用がある」や「ここにいる」といった語が何を意味するかを理解しないかのようである。舞台のドラマが崇高になればなるほど、ますます彼の笑い声が常軌を逸してつんざくように響く。象徴が気取れば気取るほど、彼はますます力強くその醜い首を振り、運命に対する反対の提案をする！彼は、ディオニュソス的文化の盛装についた汚点ではないのか。

しかし、ひょっとすると彼は、神の恐ろしい真理とも関わりがあるのか。ひょっとすると、深さに対して平凡に権利を与えることは、彼の辛い使命なのか。ひょっとすると彼は、真理は恐ろしいものではないということをわれわれに伝えるという、恐ろしい使命を持っているのか。そうであるなら、われわれは、ディオニュソスはすべての神のうちで最も恐ろしい神であるということを、認めざるを得ないであろう。というのも、彼の恐ろしささえ信用できないからである。われわれが本気で信じたいと願うような神は、少なくとも皮肉屋であるべきではないであろう。しかしディオニュソスは、彼の信者のうちの真面目な者たちには好意的でない。

ニーチェの第一作が、悲劇的な英知をドラマとして復活させることと、楽しい学問の誕生とを繋ぎ合わせていることは、この著作に見られる重要なひらめきの一つに数えられる。その繋ぎ合わせ方は、ひじょうにに見きわめ難く、気づきにくい方法ではあるのだが。ニーチェがこの著作で扱っている本来の対立極は、アポロン的なものとディオニュソス的なものではなく、悲劇的なものと非悲劇的なものである。注意深く読めば、文献学者ニーチェが二人の芸術の神の間の妥協をいかにあっさりとやってのけ、他方で、悲劇的芸術の世界を非芸術、日常性、合理性、理論的な態度・ふるまいの世界に対して、一言でいうと、彼がソクラテス的文化と呼ぶものに対して際立たせるのに苦労しているかが分かり、驚くに違いない。アポロンとディオニュソスの妥協のためには、ニーチェは『悲劇の誕生』冒頭の数ページ以上を必要としなかった。悲劇的なものと非悲劇的なものとを折り合わせるために、彼は、残り人生すべてを必要としたが、彼の悲劇的コンプレックスの解決に行き着くことはなかった。けれども、非悲劇的なものに取り組むことによって、ドラマの要素を取り除くこと、陽気になること、深刻に考えないことの天才へと成長した。それゆえ、反キリストの仮面をつけてきわめて悲壮な感情を爆発させた、その同じ男が、楽しい学問の父の一人でもあることができるのである。

ニーチェの説明するアポロンとディオニュソスの和解があまりにも良好だったために、その歴史的妥協は、あらゆる形式の「高等文化」と同義となりうるものとなった。フロイトの文化理論、神経症理論はまさに、ニーチェの妥協の思想を継続したものにすぎない。しかしながら、ディオニュソス、その神的身体性は、もっぱら高等な文化の祭壇の上で崇拝されることを許容しない。昔から彼は、野蛮な側面も自分の特性として主張し、そして、人間が知っている最も到来の望まれるものである性的忘我と同じように興奮させるものであるがゆえに、来るべき神と呼ばれる。彼の支配領域は、陶酔的な無秩序、文化のなかに、ある人間にとっても生きるために必要な経験である限りでの無秩序である。文化が可能なのは、文化よりも古く文化を支えているものが、文化のなかに保存され続けている場合にのみだが、ディオニュソスが理解している無秩序とは、アポロン的に管理された音楽保護区以上のものである。それゆえ彼は、正直なところすすんでオペラを見に行くことはなく、彼自身を扱っていると称する悲劇においても、没落への快楽を感ずるよりは欠伸する方が多いのである。

この笑い、欠伸をする白痴が悲劇の舞台の端に現れるのをニーチェは見ている。この白痴は、実際のところ、来るべき神の使者であるかもしれない。この使者は、神のいかめしくしゃちほこばった信奉者たちに、神は場合によってはもっと手頃な崇拝形式を求めているということを伝えるよう命じられている。悲劇がいかなる時代においても狂宴の代わりの狂宴にすぎないということなら、このことは、たとえ代用が役立つものであることは分かるとしても、結局は悲劇に対する異議申し立てである。ディオニュソスは、悲劇愛好家の罰として、しかしまた警告として、これら愛好家たちに、彼らが多分信じないような使者を通じて、熟考への刺激を伝達させることにした。これら悲劇愛好家たちは、崇拝の名のもとにきわめて確実に神を見失うのである。ニーチェが証明した仮面付きの真理に対する確実な察知能力を持っているなら別であるが。

さて、哲学的観客の導入の結果として生じざるをえない、想像もつかなかったような結果は、理解されているだろうか。この哲学的観客が加わることによって、一見通俗的な言い方のようだが、初めは要請されただけで実際にはアポロン的に凍結されていたディオニュソス的な出来事が、予想外の方法で動き出すかもしれない！　アポロンとディオニュソスとの間の格闘の石像は、生きた格闘に戻るかもしれない。ただし、ディオニュソス的なものの戦線が、もはや単に悲劇的なドラマにだけでなく、非悲劇的な、とりわけ目立たないドラマにも認識される、ということが前提である。

したがって、コロス、英雄、観客、哲学者からなるこの舞台は、これまでとは違ったふうに解読されなければならないであろう。たしかに神は、ニーチェが示すように、引き続き客体化され、アポロン的に具象化され、いわばコロスの夢の像のように、苦しむ英雄として悲劇の舞台に上がるであろう。しかし、彼が同時に具象化されずに観客席に現れたらどうであろうか？　英雄、悲劇、そして象徴的なものの世界全体をからかうような、きちんとした思索する道化という姿でである。ひょっとするとディオニュソスは、アポロン的な代理強制に対する無駄な抵抗を試みているという点で、もはや孤独ではないのではないか。ひょっとすると彼は、ジレンマに引きつった状態でオーケストラの上を転げ回っている間、同時に観客席に座り、自分の芝居を面白がっているのではないか。そして、ひょっとするとこの冒瀆的な娯楽こそが、文化の亀裂を通じてディオニュソス的なものが入り込むことであり、この侵入こそが本来、影響の大きいものなのではないか。ディオニュソスは、文化の奥底に神的な無秩序が存在することを示すのだから、他の何にもまして、自分の象徴化をからかう権利を持つであろう。この舞台の神だけが、何のための舞台かと問うことができるのである。

ニーチェのテクストを越えた、一見したところ文言を無視したこの論述は、明言されてはないがテクストには内在する出来事にふさわしい光を当てるために、どうしても必要であった。なぜならニーチェは、当然ながら抵抗感を伴いながら、彼の悲劇的・英雄的高揚と衝突しながら、悲劇に非悲劇を付け足して考えることによって、ディオニュソス的なものは、将来、二重のものとなって現れるという洞察に道を拓くことになるからである。高級なものと低級なもの、象徴的なものとパントマイム的なもの、祝祭的なものと日常的なもの、華々しいものと目立たないものという、二重のものとなって現れるのである。

ディオニュソス的なものについて本気である者は、大規模な音楽の世界変容の祝祭日と並んで、日常のディオニュソスの祭りも存在するに違いないということを、見逃すことはできない。もしもこの神が実際に、世界の核心を意味すべきであり、したがって単にディオニュソスの文化週間のための興行師であるにすぎないとか、アポロンの監督下での芸術的興奮にとっての口実を提供するだけとかでないなら。ペルガモンからバイロイトに至る、音楽の世界変容の祝祭日、おおいにけっこう。しかしディオニュソスの暦は、二週間の祝祭週間で満足できるのか。常に到来の望まれる神に、一年に一度の放縦で十分に仕えたことになるのか。そして、一年を通した狂宴などというものは、それ自体ひとつの矛盾であること、さらに大きな周期で熱狂が通り過ぎるということが、祝祭の本質に属するということが、当たっているとしても、神の真理は神の不在時にも適切な仕方で保存され、顧慮されなければならない。狂宴は慢性的なものとなることはできない。しかし、狂宴の真理、つまり、個々人の意識が個体化の苦しみから解放された熱狂的な非対象性のなかへと入れられることは、目立たない追想のなかに保存されることができるし、また保存されなければならない。われわれを、まずはこの追想の正しい名の手掛かりへと導いてくれたのもニーチェである。それは、二五〇〇年来、哲学と呼ばれている。

驚くべきことに、哲学はその存立以来、少数のいかがわしい例外を度外視すると、ディオニュソスの祭りでテーマとなっていると一般に理解されているものすべての反対者と自称している。太古以来、哲学は、安らぎそのものであり、精神の明朗を探し求め、高等な理念の王国のためのみに生きる、と見せかけてきた。それが今や、哲学は根本的にはディオニュソス的本質を持っており、ただそれはその目立たない、秘儀的な、悲劇からは遠い匿名においてのみそうだ、ということが暗示されるのか？　この暗示を認めるか否かは、先に暗示されたものを認めるか否かということと一致している。すなわち、日常のディオニュソスの祭りが必ず存在するに違いない、ディオニュソスの真理には悲劇とは異なる現われ方もあるはずだ。それゆえ、神の到来を、多数の日常的な事柄から解読するための意識の構えが成立した、その他数の日常的な事象をわれわれは世界と呼んでいるのだ、という暗示である。

これらの暗示すべてを妥当なものとして認めると、学校向きとなった哲学的思考が、なぜその自己定義に昔から多大な労力を傾注しなければならなかったか、その理由が理解できる。哲学的思考が本来そのためにあったはずのものを哲学自身が忘れてしまった場合に、哲学は自身を後世に一番よく伝えたのである。ニーチェの『悲劇の誕生』で初めて、その自己定義の秘密のベールが少しだけ開けられた。それによれば、真正の哲学は、嵐の後のディオニュソス的静寂として出現する。それは過剰の光の中にある日常的なものの祝祭である。それゆえ、すべての根源的な思考の回りには、狂宴後の思案の気配がある。陶酔は消え失せ、秩序が戻り、日常が進んでいく。しかし驚きは残っている。陶酔という高められた世界経験あるいは世界の溶解は、秘密に満ちた方法で余韻を残す。どこかで――われわれはそれを「内面で」と言うべきか――ディオニュソス的な裂け目が口を開ける、それは深淵、あるいは無のようなものであり、到来するすべてが将来、何か恐ろしいものであるようにそのなかへと沈むことになる。最も目立たないもの、最も日常のものもそこに沈みこむ。

けれども、学校向きの形で現れた哲学は、自身をそのように理解するつもりはない。哲学は発生後すぐに、固有の営みに取り込まれてしまい、自分が初め、ある二重の文化的驚異の片割れだったことを忘れる。この二重の文化的驚異は、一方では音楽的狂宴の精神からの悲劇の誕生へと導き、他方では、狂宴と狂宴の間に何をなすべきかの困惑の精神からの哲学の誕生へと導いたのだった。それ以来、哲学は、自分についての真理を聞かなければならないときには耳を塞いだ。哲学は自身が、失われた狂宴状態を探す思考であること、狂宴の代わりの狂宴、ドラマの代わりのドラマであることを認めようとしない。探し物が長引くとどんな場合もそうなるのだが、哲学もある日のこと自分自身を探し求められているものの代わりとなし、外見上は自足して、より高等な理念の王国や精神的背後世界の考察、英知的構造や論理的手続きの考察に没頭した。この代用によって、後に「形而上学」と呼ばれるものが発展した。客観化し、静止させる世界の見方［Welt-Anschauung 世界観］によって、ディオニュソス的な世界の到来の意識が抑圧されて、「理論」が生まれた。この形而上学と理論は、西洋の歴史にきわめて深い影響を与えた。このなかで「真理」の支配の到来が告げられたが、その結果についての予測は今日に至るまで不明である[1]。

真理という語は哲学者の言語のなかで、ほとんどいつも、代用、アリバイ、口実、間に合わせ、代理表象と同じことを意味していることを最初に認識したのは、おそらくニーチェであった。彼は、「真の世界」が代用世界であると、哲学者が真の認識だと思っているものは認識の代わりの認識であると見抜いた。彼にとって哲学的真理はいつも、何かの代わりの「真理」である。すなわち、真に真理であるものは、代用と代理の理論なしには理解されない。われわれは新たに、仮象というニーチェの重要なテーマに逢着する。われわれは再び、見抜けないことに価値をおく肯定的な仮象と、批判的な機能を持った思考をこれからも可能にするような透明性の名残との間のゲームを観察することになる。なぜなら、代わりになるものがある意味で、代わられるもの同様によい、もしくはそれよりもよいのでなければ、代用できないからである。しかし代用が成立しなければ、われわれはつねに代用のきかないものと関わらざるをえない。われわれはいつも、沈黙した物自体のなかに没し、物自体に対して距離を取ることができなくなるであろう。すなわち、代わられるものの本質として、代わりとなるものを自身の前に置き、その代用品によってわれわれが代わられたものを自身のものとすることができる、ということである。この点で、代用のきかないものは、耐え難いものとの類似性がある。

このことは、哲学に関して何を意味するのか。言うまでもなく、知への愛のない愛として確立されたこの代用ディオニュソスは、何らかの形でディオニュソス的なものに属していなければならない。そうでなければそれは代用することができないだろう。けれども代用ディオニュソスが、ディオニュソスの祭りに対して批判的な距離を獲得できるのは、「まずは、またたいていの場合は」、自身の代用ディオニュソス的性質について何も気づかず、ソクラテス以来のディオニュソス忘却の状態にある、ということによってである。しかし、ディオニュソスはまた代用ディオニュソスの祭りの神でもあるので、理論的思考におけるディオニュソス忘却のなかでさえ、ディオニュソス的な根本的出来事が起こるはずである。そうなると、ディオニュソスは、禁じられ、不在で、忘却されているという状態でも君臨していることになる。思考の運命の時や精神史の裂け目においてのみ、ディオニュソスは、いわば自分自身へと目覚め、そしてより思考的な思考となる。これは危険という翼を得た覚醒であり、もはや何ものも代理せず、恐るべきものの直接的自己直観である。

ここに書きとめられているものは、パロディーとパラフレーズのどちらをとるかをまだ決定していない、ハイデッガーの変奏にすぎないのか。

むしろ、ハイデッガーがニーチェの哲学のパロディーを不当に陰鬱な調に移した、と言うべきか。このことに関して言えば、笑劇版が憂鬱版の前に出版された、そして、ハイデッガーのニーチェ・パロディーは、パロディーであるという芸術規則に反して、陽気な原作よりも真面目な感じを与える、ということについては、大方の賛同が得られるだろう。

……あるパロディーの代わりのパロディーだからだ。哲学にこのようなことが実現可能だなどとは、哲学自身は夢にも思わなかったはずだ。しかしハイデッガー崇拝者は、パニックに陥る必要はない！　『悲劇の誕生』をわれわれのように読むということは、ハイデッガーの真面目な、ニーチェの哲学批判的方向性を延長して考える思考が開いた可能性を前提としているということであり、またわれわれが陽気な読書の際に実現したドラマの自由は、ハイデッガーとともに獲得した自由であるからである。ニーチェの冗談は、ハイデッガーの真面目を通してのみ、正しく読むことができる。しかし、真面目と冗談を通底しているものは、ポスト形而上学的な時期に入る際の意識の画期的な、結果の予測のつかない突然変異である。それは、千年の目覚めのように思考の時代に一時期を画し、そして思考をドラマの未来へ導く突然変異である。このことを、知的組織が単純であるがゆえに非合理主義と見なせる幸運な者は、まだしばらく眠っていてかまわない。けれども、もっと早く起きた者にはすでに不慣れな仕事が控えている。

その仕事は、このいまだに苦痛なソクラテス告発とともに始まる。ソクラテスの問題はニーチェの本において露わな傷のようにぱっくり口を開けている。ソクラテスを扱うニーチェは、最良の啓蒙主義的学派の自由思想家のようにふるまい、その反教会の憤激で一人の教父を倒すような勢いだ。理論的教会の父であるソクラテス！　ひたすら理性による人間改善を唱える大教義学者であるソクラテス！　主知主義的な毒殺者であり否定的啓蒙の悪魔であるソクラテス！　非音楽的な思考の野蛮人であるソクラテス！　ソクラテスはその理性の狂乱ゆえに、悲劇をもはや運命ではなく、かろうじて「問題」としてしか理解しない。したがって、生とは第一に自己創作化であること、自己反省的な脱構築の対象ではないことをもはや理解しない。ソクラテスとともに悲劇的意識の没落が始まり、哲学は理論的楽天主義の時代へと入った。それは、きわめて明白なディオニュソス忘却のもう一つの表現にすぎない。

この非難の声を聞かねばらない！　ニーチェが異議を申し立てているのは、ソクラテスの登場とアリストテレスの著作との間に生じた、科学的精神のギリシア的思考への急襲に対してではない。彼は、ヘラクレイトス後の哲学の最大の代表者の手によって、哲学が非ディオニュソス的で、芸術に疎遠で、理論的なものと自己誤解されていることについて異議を申し立てるのである！　彼は、ソクラテスが芸術と哲学との統一を破壊したことをけっして許そうとしない。この統一が、より古いディオニュソス的意識の思考に本来の深さを与え、したがって新しい思考においても再び見いだされねばならないのだ。それゆえ『悲劇の誕生』では、反ソクラテス的な煽動にとどまることはなく、哲学そのものの告発にとどまることもなおのことない。ニーチェは著作の刊行によってすでに、芸術的で、ディオニュソス的に生まれ変わった思考を示そうとした。この哲学を見よ！　ディオニュソスの哲学者を！〔Ecce philosophus! Dionysos philosophos!〕

ニーチェは、すでにその初期の著作で、哲学的精神の様式を根底から転換させ始めた。激しいソクラテス批判においてさえ、彼の念頭にあるのは、この思想家をそのひたすら理論的な強迫観念から救うことである。「もしも哲学が芸術であるなら……」、哲学者が狂宴の後に瞑想する一匹の利口な山羊でしかないなら、ディオニュソスの問題は、理論的にも忘れられてはいない。山羊が理論の角をはずすには二つの方法がある。ニーチェはこの両者とも考慮に入れている。理論的にしか考えないソクラテスを、「音楽をするソクラテス」として、あるいは「荒れ狂うソクラテス」として、ディオニュソス的にリハビリさせることとができる。

第一の道は、伝説どおりであるなら古代のソクラテスに、すでに彼の悪霊によって吹き込まれている。この悪霊は彼に、いつもは禁ずるのに今回は奨めたのだ。「ソクラテスよ、音楽をせよ」と![2] ニーチェはこのことからめざとく、哲学者にはすべてが許されるが、しかし音楽の欠如だけは許されない、ということを読み取った。しかしソクラテスが、概念をだらだらとつくり出す非音楽性の具現である限り、彼は哲学をまさに許されざるものへと導いたことになる。けれどもニーチェは、この誤謬は不可逆的ではないと考えていた。すでにショーペンハウアーがその音楽の形而上学で、哲学の宇宙を音楽の宇宙から分離していた仕切りに穴をあけたのではなかったか。ヴァーグナーは、音楽の創造力をかつての聖賢の教えの悲劇的理想性と調和させる可能性の、生きた証明ではないのか。そしてとりわけニーチェこそは、その『悲劇の誕生』ですでに、分離されたこの二つの領域の間に新たな同盟をつくろうと試みてはいないか。

荒れ狂うソクラテスはニーチェ後年の著述にとって、重大であると同時にひそかな意義を持つことになった。ニーチェは、ディオゲネス・ラエルティオスがその『哲人伝』で、シノペ生まれの同名の男について触れ回ったことを参照したのだ。そこには、ソクラテス・マイノメノス［Sokrates mainomenos 酔い狂うソクラテス］と書いてあり、そしてほかならぬプラトンが、その言葉を造ったのである。それはともかく、そこに綴られていた、哲学であることを拒んだ、気まぐれで、悪意のある、生に酔いしれたような教えについてのこの逸話の集録は、理論的思考に絶望した芸術家・理論家であるニーチェに、決して忘れることのできない、ある示唆を与えるのにじゅうぶんだった。これらすべてが、ディオニュソス的な、しかし非悲劇的な性格を持つ、身体に寄り添った非理論的な精神性の痕跡を指し示していた。

ニーチェはこの古代の発見について、後にはただ控えめにしか語らない。心理主義的・道徳主義的な隠れみの下でのみ、彼は、古い痕跡を追求し、それを見つけ出すことができる。それは想像可能なあらゆる限度を超えている。[3]「おそらく何かキニク主義的なもの、何か『樽』のようなもの」［邦訳6巻『人間的、あまりに人間的』一八頁］、それが、彼のあらゆる著作で意味を持つことになるであろう。

ニーチェの慎重さは容易に理解できる。「キニク主義的著作家」については、彼が『悲劇の誕生』のなかで、プラトンの対話を理念の小説的形式として批判する折りに言及していることが思い出されるが、この「キニク主義的著作家」の不敬の勇気に公然と連帯するなら、彼はその悲劇的・貴族的な自己様式化を否認したであろう。この自己様式化は、永遠の王子であったニーチェにとってひじょうに重要だった。もしこれを否認していたら彼は、二つの告白を一度に行うはめになっていただろう。一つ目の告白、すなわちディオニュソス的なものの非悲劇的な現れが存在する、という告白だけでも、彼にとってすでにじゅうぶんつらいものだった。実際に彼が第二の告白、すなわち、平民的な形式の偉大さも存在するかもしれない、という告白をする決心をしたのは、ようやく晩年になってからである。というのも、最も初期のキニク主義では、見くびることのできない平民的勇敢さが、哀れな男の運命愛［amor fati］となっていたからだ。いや、それどころかソクラテスのように、貧困のなかの尊厳という稀な生活形式を自分で選んでいた。そして、自由の代償に対する強い感覚が突出し、快適さという嘘と中流階級の美しい相貌を放棄した。キニク主義の主な代表者が、人間のつくった法律の権威を拒否する身ぶりはきわめて印象的である。それは、自己を、文化的な装飾なしに、自然［physis］の尊厳のもとにだけ置こうという決断に表現される。ここでは自然は、客体的世界の総体とか、硬直的な宇宙の因果性という歯車装置を意味するのではない。むしろそれは、物象化に屈しないような実存の保証人であり、したがってそれは忘我の身体的基礎と評価される。この忘我について、哲学者の自由なおしゃべりは単に中身の乏しい模造品を伝達するにすぎない。自然について古代には、支配欲の強い客観化する物理学ではなく、身体についての秘儀的グノーシスの意識が顕われるような方法で議論されたのだ。

　これらはみな、ニーチェ自身の哲学的・心理学的傾向とあまりに多くのことを共有していたため、彼が長期にわたりそこから逃れることは不可能であった。キニク主義はまさに、ストア派・ヘラクレイトス派の動きに若干残っているものとともに、古代の人生哲学の最後のもっとも匿名の形式、したがってまた、哲学的な彼岸の虚像に夢中になることなしに、いろいろな力の働きと、自然の不協和な協和音とにつながろうとする思考の形式である。堕落した精神の持ち主は超越を手に入れようとし、その内在との「関係」を案出するがよい！　忘我的な自然哲学者［Physiker］の意識は、哲学者たちの言う超越的世界へと上がることを拒否する。というのも、自然のもとにとどまり、自然を十分高く評価する者にとって、超越は存在しないからである。すなわち、ニーチェがその思索の最も強力な時点で、また大きな真理に対するその文学的なゲリラ全体で企てたように、ポスト形而上学的な思考にその権利を与えようとした者は、前形而上学の最後の足跡を嗅ぎつけざるをえなかったのである。とりわけラエルティウスを他の誰よりもよく読んだようなギリシア研究者であれば、なおのことだった。

しかし、理論への意志の欠如と、思弁が生にとって持つ重要さへの信仰を欠くがゆえに、ほとんど痕跡を残さなかったような意識の足跡を嗅ぎつけるとは、何を意味するのか。このほとんど跡形もなく消え失せてしまったものの足跡とは何か。それはやはり、このキニク主義者のわずかな文章は、人間の故郷としての宇宙、あるいは行為の基準としての自然についての文章なのではないか。理論的な問題提起の能力がまだきわめて乏しくしか発達していない段階では、これらの言明は不充分と感じられざるをえない。けれどもキニク主義の豊かさは別のところにある。それはそのハビトゥスに、その気分に、その目下焦眉のものへの熱意に、そのスタイルにある。このスタイルは真に再び身体化されれば、どのような場合でも、教訓的なパントマイムと風刺的な「多彩な著述」との間、すなわち身体とペンのサテュロス劇との間のなかにある。だから、ここで文学の概念が、再び、特別に強調されて関わってくる。ニーチェは再び、その哲学の多彩な文学化によって、専門の法を犯す。それは彼が、すでにその最初の登場の際に、文献学的な許容範囲を逸脱したのと同じである。それによって彼は、たしかにアンダーグラウンドではあるが、しかしどんな疑いもなく決然とした態度をもって、古代の「キニク主義的著作家」から無数の錯綜を経てモデルネに達する糸をたどるのである。

楽しい学問はこの糸で、その衣装をつくり始める。その名は一冊後の著作の表題で公然と呼ばれることになる。しかしそれ以前にすでに、最良のキニク主義的心理理論によって「人間的なこと、あまりに人間的なこと」について、日常の小さな悪しき真理について語られる。理論的に見るという盲目的な視線はいつもこの真理を逸れてしまうのである。文学なしに真理なし。心理学なしに覚醒なし。「キニク主義」なしに、事柄をその名で呼ぶ自由なし。

しかし、ニーチェの心理学の地位について思い違いをしてはならない。この心理学は、たとえどんなに自然科学的まなざしをひけらかし、イギリス実証主義の鈍感に色気を見せようとも、どんなにアポロン的なもののなかへと逃げるのだと称し、以前の熱狂に対して冷静な思慮深さのポーズをとったりしていても、この心理学の衝動的な核心は、久しい以前からもはや理論的な企てではなく、ドラマ的な企てなのである。すなわちそれは、注意深いディオニュソスの祭り、酔いの醒めた放縦を催すのである。ニーチェは後からふり返って次のように書いている。

しかし意志の高さという点で私に匹敵するほどの人ならば、私の著書を読みながら、習うということの真の忘我を体験するであろう。……本と言われる本の中で私の著書ぐらい自信に満ちて、しかも洗練されたものはほかには絶対にない……私の著書はあっちでもこっちでも、地上で到達できる最高のもの、すなわちキニク主義にまで達している。こういう本を読みこなしてわがものにしてしまうためには、他の誰よりもしなやかな指と、勇敢なこぶしがなければならない。

〔邦訳15巻『この人を見よ』八三―四頁〕

これと同じディオニュソス的衝動が著者ニーチェに、古代の悲劇のサイコドラマ的な構築物を他の誰にもまして理解させ、また、日常のディオニュソスの祭、平凡なもののサテュロス劇、あまりに人間的なものの地獄絵図についての真相を知らせたものなのである。ニーチェは、美学者としても心理学者としても、近代市民社会の理論的道徳的文化に重大な影響を与えたディオニュソス侵入の代弁者となる。

ニーチェが、狂宴主義者と心理学者、ディオニュソス的英雄と批判的な道化というその二重の存在で示すのは、素朴な性格などというものではおよそないということは真実である。彼は徹底してモデルネの人であり、近代人の自己矛盾やアンビヴァレンスにまつわるすべてを引き受けている。彼はすべての相および結果において、デカダンの人であり、文化の重傷者である。たしかにE・M・ショラーンが見抜いたように、その結果のなかから、しだいにニーチェの功績が際立ってはくる。「彼の悲惨はわれわれにとって癒しだった。彼はコンプレックスの時代を開いた。(4)」たしかに彼は一つの「重症例」だった。しかし彼の負傷を見た人が想像する以上に奥深い健康の蓄えを、彼が自己のうちに発見することは、何によっても妨げられなかった。彼の笑いには理由がなく、彼の生の経験によって支えられたものではない。それゆえ彼はひょっとしたら、厳しい試練の課された現存においてさえ快楽は苦痛と比べてより深い現象であると言う資格を、他の誰よりも持っていたのかもしれない。いずれにしても、彼はひじょうに重い精神として、複雑な状態のなかで魔法のような単純なものを作り出した。恐ろしい真理の知らせを覆った、あの平穏な快活さである。快活さは、複雑な人びとがとるべき礼儀正しさなのである。(5)

今日に至るまで、楽しい学問は、存在の耐え難いものについて公然と語るための、最も礼儀正しい方法である。口調が軽やかだからと言ってそれが浅薄な思考だと考える賢い愚か者は、次のニーチェの美しい文章を読むがよい。ニーチェはこの文章によって、哲学者と、読者のなかの利口でしかない者、試練を課されていない者との関係を説明している。

あらゆる深遠な思想家は、誤解されることよりも理解されることを恐れる。前者に悩むのは、おそらく彼の虚栄心であろう。しかし後者に悩むのは、彼の心、彼の同情心であって、それはつねにこう言うのである、「ああ、なぜ君たちも私と同じく、そんなに苦しむのか？」

［邦訳11巻『善悪の彼岸』三四〇頁］

ディオニュソスは、単に苦しむ英雄、忘我的なコロスとしてだけ現れるのではなく、さらに心理学者、街頭の神秘主義者、呪われた哲学者および文章家としても人間の雑踏に侵入してくる。ニーチェはこの新しい認識に高い代価を支払う。この非理想的なものへの小旅行によって、ニーチェはヴァーグナー一派の共感を失うことになる。彼は、彼の自己意識の最も重要な外的支えを放棄するのである。

ヴァーグナー主義およびバーゼル大学の教授職の強制から離れる時期の、ニーチェの内面的葛藤を考察しようとするなら、一つの社会的な死について語るのを避けることは困難である。それは、実存上の、また哲学上の、全面的な決別の作業である。精神航海の循環に入るものにとって、社会的な死は、言うまでもなく不可避のものとなる。社会的な死だけが、とかく共通の価値を求めて一致しようとする、集合的な生の嘘と個人的な生の嘘との共同作業を終わらせることができる。「ぼくは君を賞賛し、君はぼくを賞賛する――われわれは嘘をつく」というわけである。しかし、自己を発見し始めているがゆえに社会的に死に瀕している者にとって、一般的なものや外面的な慰めは、もはや助けられない。自身の単一性の深淵を見たこともないのに、自分は考えていると信じる者は、単に自分は考えていると思い込んでいるにすぎない。そういう人は、体制順応主義的な夢を見ているのであり、それが批判的な意識の夢であっても同じである。本当に考える者には孤独という罰が科されている。その孤独が新たな企てと自分自身で感じることを強いる。そうなれば、もはや「伝統」は存在せず、あるのはかろうじて類似関係や相互的な布置関係のなかに自己を再び発見することだけである。

ニーチェは、そのキニク主義的、心理学的、認識批判的な時期に、恐ろしい真理に基づいた思考を構成する孤独のなかに分け入る。能動的で解放的な孤独に基づいてのみ、ディオニュソス的心理批判の快楽苦痛的な予言は、ヴァーグナー主義の観念論的まやかしへの加担から免れることができた。孤独はニーチェをあらゆる配慮から解放したため、彼は急速に、悲劇書に依然として付着していた誤った擬古典主義的な色合いから逃れることができた。偶像から離れることによって、より厳しい、より純粋な諸価値を打ち立てるスペースができる。以後、問題になるのはヴァーグナー対ヴォルテール、チュートン人の心底からの無骨さ対ロマン民族のエスプリ、熱狂する精神対自由思想家、より高次の世界への新観念論的な耽溺対快活なニヒリズム、美辞麗句を並べるお喋り対舌鋒の鋭さ、象徴主義の北極光対南国の影を持たない現象、ヴァーグナーの重苦しいヴェーヌスベルク対「キニク主義的な」カルメン音楽、大きな様式の虚偽対小さな力強い当てこすりの真理、という対立である。

一つのことは否定しようがない。ニーチェは、彼の新たな厳密な孤独へと下りて行く際、徹底的だったということである。それ以来、われわれは、残忍性と徹底性との親縁性について、しかしまた厳密性と快活さとの親縁性について、より多くのことを知ることになる。ただし、それは音楽家や芸術家の厳密性であって、自己のいじけた状態への帰服を精確さと混同する、知識の管理者や誤りをあげつらう教師の厳密性ではない。

定理を矢のように放ち噛みつくように判断を主張する者は、言ったことがどの程度苦痛であったり快楽であったりするかという尺度こそが真理のバロメーターであると信じざるをえない。それは書き手にとっても、読み手にとっても同様である。ニーチェは、ただこのことを信じるしかない信者のように、真理探求の修行をした。真理を口にすることは影響を持たなければならないということだ。たとえ認識者の真理への意志によって、認識者が没落するとしても、「生命は滅びようとも、真理はあれ［fiat veritas, pereat vita］」と考えられている。認識とその結果が相応すべきであるという考え方は、ある宿命的な性質を持ちうる。それを考えれば、なぜニーチェの信念が、芸術家の効果への配慮が大げさになっただけでもなければ、哲学を修辞学へと還元することなどでもないのかが分かる。

すなわち、ニーチェのスタイルが目指しているのは、すべての言説を認識の快不快の身体的基礎へと圧縮することである。この身体的基礎が真理を表現するなかで、真理それ自体が具体的になり始める。真理を榴弾と混同し、その具体性を、実践と呼ばれる戦略的な残忍主義へと退化させたレーニンの言う意味で具体的なのではない。肉体的な美学の意味で具体的となり始めるのだ。それは、真なるものの真と受け取ることのできるものへの復帰、認識と感覚性との新たな、深められた媒介である。ニーチェの著述は、近代哲学の口唇性［Oralität］についての実例を提供する。なぜなら、ニーチェが真理を述べるとき、ますます明らかになったのは、そもそも彼の話しぶりが音楽的な歌のような性格を持っていたことだが、さらには、愛憎の対象たる世界を口に入れることの苦く甘い快楽、噛むことと噛まれることとへの激しい喜びだからである。この快楽、喜びなしにはこの予言のディオニュソスの祭りは何の身体的基礎も持たない。この著者にあっては、最も親密な世界感覚としての味覚が再び哲学となった、と言うこともできる。哲学は、その肉体的な源泉へと降りて行く。世界は根源的には、口を通る何ものかである。

それゆえ、ニーチェの認識批判と心理学は、特に中期のそれは落ち着き払った理論ではない。たとえ文法と哲学的語彙を借りているにしてもである。彼の「理論」は口唇的なゲリラ戦である。たしかに彼の哲学的・心理批判的な著作はアポロン的きらめきのある散文であり、その悪意ある単純さは、単に理論的でしかない複雑性を軽蔑している。しかしこれらの著作は、その強いられた合理主義と実証主義的な気まぐれもともに、口唇的ディオニュソス祭のミニチュアとして読まれなければならない。それらは、世界の不断の到来に際し自己の冷静な狂気を伝えずにはいられない心の噛みつき、叫び、跳躍が言語となったものなのである。

ニーチェは、話し手から素速く、的確に、冷静に、適切に、そして宿命的に次々と口をついて出てくるような話し方を試みており、そのため一瞬ではあるが生きることと話すこととの間に何の差異もないかのように見える。口唇的集中度の最高時点では、言われたことの内容は言うという行為のなかに消える。すべての観念は、発言するという行為のなかで焼失する。もはや意味はなく、身振りだけが残る。もはや理念はなく、エネルギーの形象だけが残る。もはや深い意味などはなく、世俗的な興奮だけが残る。もはやロゴスはなく、わずかに口唇性だけが残る。神性はもはやなく、胸の鼓動だけが存在する。もはや精神はなく、息づかいだけが残る。もはや神はなく、口の動きだけが残る。(6)

この言語が今日に至るまで、それを理解する人を探しているということには、誰も不思議に思わないだろう。これはポスト形而上学的な人間の言語、あるいはまた一種の子ども言語と言えるかもしれない。すなわち、高度な文化段階での楽しい口唇性への回帰のようなものだ。

ニーチェの百年後、この特異な哲学者との間に、ほとんど通俗的といってよいような折り合いが、ときおり可能となるかのように見える。今日の美的成功の大部分と、現代の決定的な哲学的自己描写は、彼の著作が予告していたものが実現されたにすぎないのかもしれない。数え切れないほどあるその間接的証拠の一つは、「キニク主義的な」カルメンに対するニーチェの判断が今日の大衆に過剰なほどに受け入れられたことである。さらにオペラの復活、パトスのルネサンス、第二の宿命の発見、身体性の強迫観念の一般化、目的論という幽霊からの大方の離反、道徳に対する趣味の圧倒的優位などがあり、また、放任と取り込みとの間、分離作業と一体化への願いとの間、差異の地獄と同一性の地獄との間での、消耗戦のような心の揺れ、これらすべては、ニーチェの風景であり、そしてそこの住民はわれわれである。われわれ「もまた」彼の問題を共有しているから、というのではなく、彼の諸問題と、それらの問題に対する彼の言語とが、ますますわれわれの問題設定を導き、影響を与えるからである。

道徳の代わりに趣味、ということになると、それはいったいどのような結果をもたらすのか。趣味とはそもそも何なのか。そのような計算できない一定量の非人格的なものは、いったいどのようにして知的な意義を帯びることができるのか。そして、もしもこのことが、間違って立てられた問いだとしたら、どうだろうか。すべての意味の世界は趣味の世界にすぎないとしたら、世界の香気を言語的分節化へと翻訳するさまざまな方法だとしたら、どうだろうか。ひょっとすると、すべての形而上学的な学説は、耐え難いものとなった生という苦い丸薬を、意味付与という甘い糖菓にくるむという課題だけを持っているのではないか。「して、友たちよ、きみたちはわたしに、趣味や嗜好について争うべきではない、と言うのか？　しかし、およそ生とは、趣味や嗜好をめぐる争いなのだ！」〔邦訳9巻『ツァラトゥストラ』「崇高な者たちについて」二一一頁〕

すべての大きな世界秩序は、味覚に操作を加えたものにすぎなかったのではないか。何しろ宇宙論と美容法とは同じ語根に由来するということは、偶然ではないのだから。——そしてすべての哲学の体系は、世界の下水溝の耐え難い臭気を、概念の働きで感じられなくするための、香水を振りかける努力だったのではないか。趣味はわれわれの最も親密な世界感覚である、と心理学は考える。そしてハイデッガーは、気分が世界を解釈する、と言う。伝道者ソロモン〔伝道の書、コヘレト、箴言〕の個別論は、女は苦い、というものだ。そしてニーチェは、聖書という毒味役の権威を煩わすことなしに、この趣味を共有していた。

私の考えでは、近代の哲学的著者のうちでニーチェが占める特殊な地位は、とりわけ彼が、彼以前の思想家にはほとんど一人としていなかったほど、彼の反省を全面的に、気分と趣味の動きに適合させたということにある。彼が思索するスタイリストと言えるのは、その著作を意識的に口唇性の様式に適合させたためである。並外れて豊かな気分、口調、さまざまな趣味、ボリューム、そしてスピードをもって語る彼は、哲学者のうちで、言語というもの、様式というもの、表現というものは、魂を失った偽りのプラトン主義以外の何ものでもないということを理解した最初の哲学者だった。この似非プラトン主義からは、まだ生きているものはすべて逃げ出すのである。真理を言うということも、彼にあっては首尾一貫して放棄される。今後は、複数の真理がどのようにして明らかになるかは、真理自身の問題であり、そして真理が奏でられる楽器、すなわち興奮する肉体の気分の問題となる。この洞察を逆の言い方では、「興奮する肉体を破壊せよ、そうすればひとつの『真理』が与えられるであろう」ということになる。

おそらく、ツァラトゥストラの仮面をつけたニーチェは、スーフィー教徒でないにもかかわらず、踊ることを求めた真理に逢着した最初の近代人であった。彼はまた、真理に笑うということについて承知している人でもあった。ディオニュソス的な感動の瞬間には、真理を保持し耐えることを優先する彼のなかの兵士の態度を顧慮することなしに、真理に泣くということもあった。そして、ひどく苦しめられ、嘘の才がない著作家の肉体に重い偏頭痛が襲ったときの随伴症候として出現する、真理を嘔吐することについては、何が言えようか。

ニーチェは、二つの真理の口調を他の誰よりも発展させた。真理を噛みしめることと真理を歌うことである。それらは二つとも、趣味と気分に媒介された口唇的理性の最高の舞台化である。真理を噛みしめること、それはキニク主義的類型の心理学的暴露叙述を行う際の原初的身ぶりである。それは、大げさな修飾語を用いたり（「失礼ながら、私の知人のうちの大馬鹿者、ドイツ野郎そのもの……」）何も言わなかったりして（彼は「失望」の後ではルーの名を口にしなかった。「この扁平な胸をした、やせこけて汚い、悪臭を放つ小娘……」）彼を苦しませるものすべてを直接的には口にしないことと、素材に対して快楽に満ちた的確で残忍で優しい噛みつき方（それらの素材を単に観察するだけでは、意味のある認識への渇望を満たすには役に立たない）との間で揺れている。真理を歌うことはニーチェにとっては、多くの苦痛の経験からよい瞬間の大切さを尊重することを学んだ人間の正当な身ぶりであった。「というのは、歌うことは回復しつつある者たちにふさわしいことだからだ。健康な者なら話すのもよかろう。」［邦訳10巻『ツァラトゥストラ』一四六頁］ニーチェのような過敏な超困窮者は、世界全体の桎梏と欠陥に噛みつかなければならず、しかし永遠に回復する者としては幾つかの大きな回復を歌で賛美することができるほど幸福だった。そうした人間は著述でその言語的肉体を鍛え、ちょっとした噛みつきと偉大なメロディーとの間に、簡潔な表現とディオニュソス賛歌との間に、無比の個性を顕現させたのである。

このすばらしく柔軟で訓練された言語的肉体は、「飛躍と跳躍」（Brief vom 25. 1. 1882）を遂げた。それは、理論的に落ち着きはらった人や冷淡で固陋な人には、たとえ美的経験の分厚い理論をものしていたとしても、今日でも追体験できないものである。しかしニーチェのさまざまな飛躍を、真面目な真理問題にとっては気晴らしの副次的なものとしか見ないとしたら、それは根本から間違った把握になろう。これらの飛躍のなかには、ニーチェのパトスへの跳躍と同様、真面目な精神［esprit de serieux］のディオニュソス的転覆がはっきり現れている。この真面目な精神は、その理論的・道徳的な信念の支配によって、近代世界に鉛のように重くのしかかっているのだ。彼の言語的肉体には、思考の新しい倫理――やれやれ、今日やはりこのような言い方しかないのだろう――の到来が予告されようとしていた。ニーチェの精神的行動理論は、衛生学あるいは食餌療法学として勧められる。それは一種の知的、心的な音楽教育であり、強度という新種の精神身体的な倫理を覚え込むための心的体操である。ニーチェは、学問として現れる無気力さ以上にいかがわしいものはないということを知っている。彼は、自らを批判的意識と見なす真理への不安ほど胡散臭いものはないと感じている。承認されるだけの力のないことを優越と混同することほど転倒したものはない、と感じている。ニーチェはとりわけ、自身の発言に危険を冒しても関与しようとしない主体のコミュニケーションなどというものの猥褻性に対して、ひじょうに敏感だった。後にジョルジュ・グロスがワイマル共和国の自動機械と風刺した現象を、ニーチェはどんなに憎んだことか！　それは彼ら自身の代理権限者、彼らの原則のショーウィンドーのマネキン人形だった。単にキリスト教倫理のものだけでなく、むしろ道徳主義的・理論的文化の恐怖政治［Vampyrismus］を発見したのもニーチェである。

　長期的にはこのことこそが、価値転倒としてより大きな影響を持つことになるであろうと、私は確信している。もしかすると、キリスト教が生に対するルサンチマンの運動、あるいは劇的な暗殺計画であると「暴露すること」は、思考が身体を具えていることの発見と比較すると、何でもないことかもしれない。思考の身体性とは、肉体を念頭におくということではなく、ましてや精神的なものに対して肉体的なものを対抗させようということでもなく、そこにポスト形而上学的知能のドラマが現れるような、肉体的精神性［Körpergeistigkeit］のことである。それゆえポスト形而上学的知性は、飛躍する知性であり、途上にある知性であり、舞台の上の知性、気分のなかの知性である。それは、私有財産のように主体に付着しているものではなく、挑発しようとして、あるいは暴露しようとして主体に挑みかかるものである。ひょっとするとここから、鈍麻に堕した古い啓蒙主義の限界が、稲妻のように明らかとなるかもしれない。それは知性を主観的な財産のように、静的でリスクのない限定された中心に制限しようとする試みの限界であり、本来であれば知性とは、近代において生の様態すべてを歪曲する私有個人主義の仮象の彼方で、ただドラマ的・過程的な一定量の非人称的なものとしてのみ問題となることを理解しなければならない。ニーチェは知性が放浪者と精神の航海者の徳であることを認識し、以下のような航海者の要素であると考えた。

事実、われわれ哲学者にして「自由な精神」は、「古い神は死んだ」という報せに接して、まるで新しい曙光に照らされでもしたような思いに打たれる。われわれの胸は、このとき、感謝と驚嘆と予感と期待とに溢れみなぎる、——水平線はついに再びわれわれに開けたようだ、まだ明るくなってはいないにしても。われわれの船はついに再び出帆することができる、あらゆる危険を冒して出帆することができるのだ。認識者の冒険のすべては、再び許された。海が、われわれの海が、再び眼前に開けた。おそらく、こんなに「開けた海」はかつてあったためしはないだろう。

［邦訳8巻『悦ばしき知識』三六八—九頁］

これはいつも、その根本的諸概念と基礎的操作のなかでドラマの諸カテゴリーだけが用いられるような思考である。いや、それはドラマとの対応においてのみ生きている、そういう諸カテゴリーで起こるような出来事である。悲劇的出来事は哲学が出来事となるために存在する。〔Tragoedia facta est quod philosophia fuit.〕この精神のドラマトゥルギーでは、もはや命題ではなく、わずかに舞台だけが有効である。「理念」ではなく、各場面での動き方が問題なのだ。論議ではなく、挑発が重要なのだ。思考とは思考の出来事であり、認識者の冒険なのだ。これはドラマのなかのドラマである。

ニーチェは、この出来事性を具えた賢明さを、きらめくばかりの隠喩の輪で囲む。航海の隠喩、綱渡りの隠喩、飛行の隠喩で、登山と流浪の隠喩で、香り、響き、揺れ、砕ける波の隠喩で、溢れ出すこと、はじけること、自身の外へと転がり出ること、零れること、噴出すること、産むこと、といった隠喩で囲む。すべての比喩に、研究、創造、試みとしての出来事精神が示されている。まさに大地のなかから現れ、世界を一巡するような、長大な旅の途上の身体の明るい存在を意味する、多比喩の論理〔logos polytropos〕である。

強調すべき最も重要なことは、ニーチェにあっては、ディオニュソス的なタイプのポスト形而上学者が一般的にそうであるように、調整的正義の実現が問題ではない、ということである。この点では、ニーチェの修辞学の罠に引っかかってはならない。新時代を画するという彼の自己意識は、現実の歴史哲学的意味を持っているわけではない。この著者が行うことは、感覚性を再び王位につかせることではない。すなわち、西洋の理性の過剰な理論的禁欲の後で感性を復権させるべきだということではない。ポスト形而上学的な反省は、何かの過剰に対する調整的運動ではない。例えば、感覚的なものとの関係での知的なものの調整的運動などではない。それはまた、何かが終わった後での新たな始まりでもない。例えば、脱肉体化の時代が去った後での肉体の回帰でもない。さらにまたそれは、道徳的偽善の時代が終わった後の、偉大なる正直さの夜明けでもない。

ポスト形而上学的な反省が、これらすべてではないなら、いったいそれは何なのか。それは、世界に開かれた身体がより明るくなるなかで、主観性がいつもまちがいなくますます深化することである。それは、身体がより言語的表現力に富むものとなること、自らのうちにますます世界を含むものとなることであり、その身体はその注意深い自己創作

［Selbstdichtung］をすすめるなかで、より多くのものと繋がり自らを豊かにしている。となると、外見上はすべての形而上学的原理に反して、肉体と精神との関係は逆になるのか。ロゴスの受肉ではなく、自然の言語化が問題なのか。しかしこれも間違っている。というのも、自然の言語化は、ロゴスの受肉に取って代わるのではなく、根本的出来事として認識可能となり、根本的出来事は昔から、言葉の受肉も包摂するからである！ 自然が明るくなり、言語的表現力を獲得することは、ロゴスが肉体に下りるのよりもはるかに古い。より古く、また歴史的により強力である。われわれが受肉［Inkarnation インカーネーション］と呼び、そして必然的にわれわれに、キリスト教的プラトン主義およびその近代的な代用物を想起させるのは、考えられぬほど古い、言語と精神による自然の啓蒙という過程内部での、ひとつのエピソードにすぎない。

　おそらく高度文化の初期には、次のような見込みが拒みがたいものとなったに違いない。すなわち、理念、価値、神性、そして掟の自律的な領域が存在し、それらは肉体の世界に下り、そこで精神化の仕事、実効的な仕事［opus operandum］を成し遂げなければならない、という見込みである。「そして言葉は肉となり、われわれのもとにとどまった……」――

このキリスト教的プラトン主義の賛歌はまた高度文化の標語でもあり、それはおのずから、近代化、精神化、教育化、そして脱肉体化のプログラムである。それゆえ諸高度文化はつねにまた、不活発で苦痛に満ちた肉に対する、活性化し圧倒する精神の、内的な闘争の諸文化として現れざるをえない。それらの文化のなかでは、戦争と支配という外的な暴力と並んで、おそらくより強力な特徴として、言葉の受肉の暴力が作用する。言葉は肉体のなかに入り、肉体の苦しみ、快楽、不活発、そして我執を、輝かしい「機能」に止揚するのである。

しかし、もう少し辛抱強く分析をすると、これが間違った説明であることが明らかとなる。少なくともそれは、現象の半分を見て全体となすような、不充分な記述である。なぜなら、話すこと自体はいつも、高度文化のロゴスよりも古いからである。権力の言葉が肉体に何を言わなければならないか、あるいは何を受肉しなければならないかを指示できるようになる前にすでに、昔から肉体はその「気分」について、その「趣味」について、その興奮について語ってきた。人間の存在は、より古い肉体的基礎からしてすでに、分かち合うこと、伝えることに基づいているため、自己を肉体的基礎から切り離し、それを専制的に管理しようとするようなロゴスには、現実的な基盤がない。ロゴスはより古い言語性の寄生者でしかなく、文明化を促す過程の暴力と緊急事態にただ二次的に高度文化的に答えるにすぎない。ロゴスはいつも、世界の状態の耐え難さに沿ってはい上がる。生はそこでは、克服されるべき何かとして、またそうしたものでないとしても、しかしやはり上から観察されるべきものとして現れる。それゆえ、精神化と禁欲の間には古い親縁性があり、両者とも高度文化の理性の病理の徴候なのである。しかし、過度の理性化でさえ、生きているものの一次的なコミュニケーション志向から派生したものにすぎない。生きているものは、その病的な発育によっても再認できるのだ。

この注釈は、ニーチェの著作に関して裏づけられるだろうか。私の考えでは、ニーチェは、近代の立場から、自然が言語化する傾向を範例的に実行した数少ない思想家の一人である。彼は、万物照応の天才だった。世界の到来とその出迎え、興奮と共鳴、出来事とそれへの対応についての彼の経験は圧倒的なものだった。ツァラトゥストラを執筆している間の忘我を回顧するなかで彼は、生の諸事実に対して言葉を持つことの過剰について、驚くべき定式化を見いだした。

ここではすべての事物がお前の言説にすり寄って来て、お前におもねる。すべての事物がお前の背に馬乗りしたがっているからだ。……ここではすべての存在が言葉になろうと欲し、すべての生成がお前から語ることを学ぼうと欲する――。

〔邦訳15巻『この人を見よ』一三六頁〕

二〇世紀という言語学の世紀が始まる直前に、どんな言語学者も考えることすらできなかったであろう言語的出来事が生ずる。ニーチェはそれをどのように言い表すのか。

この状態になると、ほんの少しでも迷信の滓を体内に残し持っている人間なら、実際、自分は圧倒的な威力の単なる化身、単なる口、単なる媒介にすぎぬという想念を払いのけることはまずできないだろう。

〔邦訳15巻『この人を見よ』一三五頁〕

しかしまた、形而上学という霧を通り抜けて、もっとも明白なものの真理への帰路を見つけるためには、迷信の最後の滓も拭い去らなければならない。ここでは、より高級な意味が受肉するのではなく、自然が、最後の光を放って消え去るぎりぎりまで発言する。この限界的領域では、言うことと一般と何かを言うこととの間の違いが作用することはない。言語の周縁では、存在することと語ることとの間の違いは、絶対的な表現がごまかされようもなく実現されるなかに消失してしまう。ニーチェにあっては、こうした状態に最大限の肉体的健康という問題が付け加わっていたということは、彼が、受肉への強制から解放されて言語以前の表現に身を委ねることができたときのみ、成功した生のリズムを見いだせたことによって証明される。

——筋肉の軽快は私の場合いつも、創作力が最大に湧き出るときが最高であった。肉体が霊感を受けているのだ。「霊魂」については言わずにおこう。……

［邦訳15巻『この人を見よ』一三八頁］

それにもかかわらず、媒体であり口の機能を果たすという理念は、単なる迷信的誤謬ではない。この理念は、以下のような洞察に等しい。すなわち、高度文化において身体が最終的に言語に消失する際には実際のところ、ある影響、ある強制、ある誘惑が働いており、それらは話し手の所有物に由来するのではなく、彼に、まさに「自分から」言うのではないことを言わせている、という洞察である。語られた言語は私の言語ではなく、完全に私の言語であるとはなおのこと言えない。私に語らせ、私にある言語を聞くようにさせたのは、つねに他者たちである。本質的な語りは、いつもまた聞くことに対応したものである、あるいはとりわけ聞いたことに対応したものである。霊感を与えられた言葉の感動のなかでは、話し手を通じていわば、わずかに他のものだけが語り始めるという印象は、奇妙ではあるが理解できる。われわれが言語生活のある種の稀有な挿話を霊感と呼ぶのは、ロゴスが個人に残した任命と銘文が身体という共鳴体の上で鳴り始め、あたかもそれらがわれわれの所有物であるかのように思えるということなのだ。美的な霊感のなかでわれわれは、どのようにして自然がロゴスを受け入れ、それを凌駕し、まわりで戯れ、そして和解するかを観察する。そうした瞬間には、一種の音楽が生の母語であるという印象が、おのずと胸にわいてくる。(「われわれは人間となる前に、音楽を聞いた。」Friedrich Hebbel)霊感を与えられた語りにあっては、この世の人の口を通じて父の言語、母の言語が響く。先に生まれた者は子どもを、自分たちが生きていたときには表明されなかった言葉のしるしとして利用する。子どもの超可塑的な言語的身体に、彼らの口では言えないことを言わせるために銘を入れるのは、他者の無言の存在意志なのである。「すべての生成がお前から語ることを学ぼうと欲する。」だから子ども——infans、すなわち話さない者——を話す者に任命するにあたっては、受肉そっくりの事象が関わっている。ロゴスの受肉なしに、主体は高度文化に立ち入ることができない。けれども、主体への暴行なしには、ロゴスの受肉はない。暴行とロゴスとは互いに密接な関係にある。というのも、暴行によってのみ話し手に、子どもの生の関心に反する事柄を言わせることができるからである。ロゴスに従って話すということは、私を服従者、禁欲者としてしか必要としない者の言語を話す、ということを意味する。ロゴスは、われわれがその名において部分的な、また完全な自殺に関与するような価値と言葉の総体である。

しかし成功した文化とはいったい何であろうか。文化は結局のところ、自殺と自傷の巧妙なプログラムに完全に還元されてしまうのだろうか。けっしてそうではない。なぜなら、たとえ文化はつねに暴力をその遺産として引き継いでいるとしても、文明化の過程に意識的に関与しようとする者は、創造的な遊戯によって、苦痛に意識的に耐え抜くことによって、最初の諸目的のユーモアのある転覆によって、暴行を破棄することができるからである。根源を究明するあらゆる話し手は、その受肉の委託に一部は柔順に一部は反抗的に応じることを通じて、遺産のなかの暴力を生き抜けるものとするよう試みることができる。そのことによって、ロゴスによって出された文化的課題を果たした後で再び、言うべきことを言うことができるようになる。しかし言うべきことを言うとは、運が良ければもはや何も言わないこと、ロゴスの背後に立ち戻ること、再び生き生きとしたもののより古いコミュニケーションに従うということを意味する。かくして、あらゆる高度文化の精神にはリスクの多いドラマがしかけられている。身体の理性と受肉の妄想との間の戦いのドラマである。高度文化のなかでは、どんな主体も妄想を心に抱いている。[7]

ニーチェにあってディオニュソスがディオゲネスに出合うとき、そこで問題となっているのは妄想のドラマである。われわれはすでに、ニーチェが非宗教の創始者というありえない役割で人間に可能なものの限界まで演じ切った後で、ツァラトゥストラ後のどのような仮面がこの思想家にとって残っていただろうか、という問いについてあれこれ考えた。いまや、なぜこの問いが間違っていたのかが明らかとなる。それまでのドラマが展開されていた同じ舞台の上では、それ以上の仮面は考えられない。なぜなら、この舞台に登場できる顔とは、その演じ手の受肉のプログラムに属するものだけだからである。となれば選択肢は、舞台の取り壊し、すなわち受肉の試みの中止か、あるいは最後の受肉、すなわち宿命的な化身という妄想への逸脱しかない。

ディオニュソスがディオゲネスに出合うときに問題となっているのは、この決断である。それは、自身では「けっして欲することのできない」ものに襲われた個人の脆い肉体で展開される、文明のエンドゲームである。アポロンとディオニュソス、ロゴスと自然、形而上学とキニク主義的知恵との衝突である。ここではディオゲネスは、すべての使命を反語的に裏切ることでその無責任な絶対的表現力を救ったとされる、遊び好きの身体を代弁する。その結果、ディオゲネスの「言語」はロゴスの裏をかくのだ。ディオゲネスは、少し考えれば、そんなにひどく重要なことを言う必要がない。彼は、言語では最終的に何も言うことができないことを示すために、すべての言語を利用するからである。それゆえ、ソクラテス・マイノメノス〔Sokrates mainomenos 荒れ狂う〕と音楽をするソクラテスとは、結局のところ同一人物である。それに反して、ニーチェのディオニュソスは、神的なロゴスを受肉しようとする身体の幻影を代弁する。この身体はかろうじて共鳴体にすぎないのだが、真理を語る陶酔のなかで分娩と死の苦痛と歓喜を一つにするために、個体化の束縛と肉の最後の不活発とを破る日は近いと世界に語るのだ。

　しかし経験的な個人にとって、ディオニュソス的なものの受肉は、まったく耐え難いものである。すべての文化の道がそこから出て耐えうるものの方へ懸命に進もうとする、その耐え難さと本質を同じくする。誰も、表象可能なものの彼岸にあるものを身につけることなしには、ディオニュソスの最後の放縦の衝撃に耐えられない。表象不可能なもの、代理不可能なものに陥って、それに耐えて生き残る者は、ほとんど一人としていない[8]。

　ニーチェの芸術形而上学的テーゼは、そのことに対するもっとも印象的な基礎づけを提供する。芸術への強制は、存在のすべての領域に浸透している。耐え難いものは耐えうるもののうちへと避難せざるをえず、代理のきかないものは代理を容認せざるをえず、表象不可能なものは表象にならざるをえず、無責任なものは責任を取らざるをえず、直接的なものは自己を伝達せざるをえず、そして分割できないものは分割されざるをえない――自己に耐えるためにである。現前は、その代理表象にならなければならない、というのも、純粋な現前は、――神秘主義という入手不能の例外を度外視すると――現状の人間にとっては、耐え難いものと同義だからである。

ここでディオゲネス、すなわち、神、ロゴス、絶対命令、道徳の死を告知する狂人が登場する。彼は、あまりにディオニュソス的なものからのディオニュソス的救い手である。彼は極端なものを経験したことで、月並みの冒険に目覚めた。なぜなら、ディオニュソス的なものという背景の前に置かれるだけで、陳腐さが底知れぬほど深く輝き始めるからである。そしてこれがもっとも生に友好的に輝き出すところ、その日向にディオゲネスが座っている。怠惰で深く、慎重で幸福、爆発を身体を張って拒否し、致命的な発散を才気をもって防止し、日常的なものの守護者、ディオニュソス的な耐えうることの思想家、それがディオゲネスである。ディオゲネスは、ディオニュソス的哲学者に、受肉の落とし穴について警告する。彼はディオニュソス的哲学者に、ディオニュソスを具現するようわれわれに委託したようなロゴスは存在しないことを、報せようとする。生の才気に満ちた身体性自体が、すでにディオニュソスである――そしてこの一次的な身体性を、想像上のディオニュソスの肉体化によって二重化することは、どのようなものであれ妄想に至るであろう。ディオゲネスはディオニュソス的思想家を支援し、直接「神」を肉体化しないよう、したがって異常なものの恐怖によって破壊されないように助ける。あまりに早く焼け死ぬことから守る。だからディオゲネスは、いわば非受肉を受肉している。彼は、何も言うことがないという幸福を露わにし、そして遊戯的にすべての使命から逃れた現存を生きる。彼は、最大限の沈着を持って、絶対命令から、諸権力によって想定されていなかった意味を手に入れるよう、練習する。彼は、ユーモアに満ちた転覆の名人である。ディオゲネスは、精神キリスト教的なものも近代道徳主義的なものも含めた似非プラトン主義的な受肉ヒステリーに、身体の隠遁というアプリオリを対置する。身体は、それ自体でつねに、じゅうぶん表現に富むものだからである。

すなわち、ニーチェの最後の仮面への問いは、根本において、ヨーロッパの形而上学の道徳的受肉のドラマを終わらせる可能性への問いである。ニーチェがこの問いにどのように答えたかは、この思想家の運命にたとえ遠くからであれ関心を寄せる者すべてにとって、恐ろしい思い出として記憶に残っている。――恐ろしいというのは、西洋合理主義の幕の背後を少しでもみた者は誰一人として、ニーチェが狂気に沈んだことを一つの私的な出来事だったなどと思ってはならないからである。彼は、むしろその逆に、一つの文明全体を個人の生がまとめたものであり、ソクラテスの死とイエス・キリストの虐殺と並んで、西洋文化の権力の言葉と生の表現との関係についての第三の忘れがたい言明と見なせる範例的な犠牲である。「幾千年の理性だけでなく――幾千年の狂気もまた、われわれの身において突発する。継承者たることは、危険である。」〔邦訳9巻『ツァラトゥストラ』「贈与する徳について」一三九頁〕

ニーチェは、そのディオニュソス的なエンドゲームのなかで、彼の苦悩に満ちた生、不可能なものの受肉を、にもかかわらず肯定するための根拠を探し求めた。神を煩わせることなく、身体という惨めな馬車馬を暴力的に抑えることのもはやない、そうした日常のなかで安堵の息をつくためであったら、彼はすべてを差し出したであろう。彼は、受肉への強制にとらわれた状態から脱し、究極の裸体と単純さを得ようとした。まさにそれゆえ、彼がまだ正気だった最後の年月に書かれた著作では、「キニク主義」という語が、しばしば亡霊のように姿を現すのである。(9)もしもそれが成就したら、生活形式としてのバーゼル大学教授職も、いくらか役に立つことができたかもしれず、したがってあからさまな神であることは、そんなに心身を擦り減らし、彼を晒し者にするようなものではなかったのかもしれない。(10)彼は身体のうちに、王の子として承認されるために交換されざるをえない、あるいは金庫がいっぱいになったがゆえに贈り物として与えられざるをえない文化的な富を、もはや持っていなかったのかもしれない。(11)彼は、彼のなすべきことをしたのかもしれない。文化に、当然与えられるべきものを与え、ロゴスによる不可避の暴行の一部を引き受け、受肉の課題を誠実かつ狡猾に果たしたのかもしれない。そのときはじめて彼は、ありのままの彼になれるような自由を得たかもしれない。それは、乾いた男の身体を見込みのない妊娠で苛立たせる、肉となった言葉ではなく、肉体を失われた塊として憂鬱に背後に引きずるヒステリー的理念でもない。無言の、才気に満ちた、遊び好きの自然、使命と解任の彼岸にある具体的な個性である。

そうした、受肉の戦場から耐えうるものへと帰った個性を待つのは、パルメニデス的な瞬間である。状況がその個性にとって好都合なら、個性は存在を、認識できるもの、またこれ以上うまくは認識できないようなものとして経験するであろう。現存在、身体性、そして認識が一つのものとして把握されるような、重大な瞬間に個性は遭遇する。その時から、すべては喜劇となり、戦いは終わり、研究は終了する。そのような喜劇が成立している間、世界はつねに、じゅうぶんに既知のものである。いまや曇りなき思考が繁栄する。超越的世界とか、還元とか、いわれなき主張などはなく、研究する自我の瞬きからは自由な知覚だけに支えられ、介入もなく、温情の必要もなく、明白なものと完璧に同じ目線にある、そういった思考である。存在の正午、当為の凪である。世界の重みは棚上げにされ、どこを見ようと、ディオニュソスがどこに向かって思索しようと、改善の余地はない。

註

（1）次のことを言っておかなければならない。すなわち、ヨーロッパの構造的科学のはじまり、ピタゴラス学派のもとではまだ、抽象と忘我、理論と祝祭、数学と熱狂との間の必然的な結びつきについて、ある明瞭な意識が支配していた、ということである。それは、真正のプラトン主義やあらゆる知の性愛のなかに余韻をひいている意識である。

（2）ニーチェはこの出来事を、次のように叙述する。「しかし、ソクラテスを批判する言葉として最も深いのは、ある夢の像が彼に言ったことである。ソクラテスが牢獄のなかで彼の友人に語っているように、彼はしばしば同じ夢を見たのだが、それはいつも一つのことを言っていた。『ソクラテスよ、音楽をしなさい！』しかしソクラテスは最晩年にいたるまで、自分の哲学は最高の音楽である、という考えで自分を納得させていた。ようやく牢獄で彼は、良心の重荷を軽くするために、あの「世俗的な」音楽への従事にしぶしぶ同意する。実際、彼は、彼が知っていたいくつかの散文の寓話を詩行にした。しかし私は、彼がこれらの韻文の練習によってミューズの気持ちを宥めたとは、信じない。」(*Socrates und die Tragödie*, KSA 1/544.)

（3）ジョルジオ・コリのような相当なニーチェ専門家でさえ、ニーチェのキニク主義的発見を追体験することができなかった。コリは、権力者の名誉を奪うシニシズム［Zynismus］と、権力を欠く者の気高さとしてのキニク主義［Kynismus］との間の差異を考える用意がなかった。シニカルな人は、ア・プリオリに無能と判断される大物が失脚した場合、そこにいかがわしい満足感だけを得ていると、コリは見ている。コリが次のように述べるのは正当である。「ニーチェの本質は、シニカルではなかった。」しかし彼がさらに次のように述べるのは不当である。「それゆえ、『この人を見よ』のあちこちで、地上で到達することのできる最高のもの、すなわちシニシズムに到達した、とニーチェ自身が言うのを読むと、驚かざるをえない。」（*Nach Nietzsche*, Ffm. 1980, S.70）ちなみに、ここには翻訳者のちょっとした不注意がある。ニーチェ自身がつねに »Cynismus« と書いていて、キニク主義とシニシズムに対してイタリア語が区別していないことに無関心なのだ。ニーチェによる哲学の文学的叙述を、真理を言うことの「キニク主義的」形式との正しい関連に置いて考えれば、コリの驚きはすぐに除かれたであろう。この『ニーチェ全集』の編者は、ニーチェの次の文章をもはや思い出さなかったのだろうか。「偉大なものは、それについて沈黙するか、あるいは大きく語ることを要求する。大きくとは、つまり、無垢に、キニク主義的に、と言うことである。」（KSA 13/535）

（4）Vgl. *Syllogismen der Bitterkeit*, Ffm. 1969, S.32.

（5）随筆の形で遺されたニーチェのアフォリズム *Aus der Kriegsschule des Lebens.* を参照。「重傷者は、オリンポスの笑いを持つ。人は、自分が必要とするものしか持てない。」(KSA 13/531) 次のものはもっと鋭い。「当時私は、私を快活に、客観的に、好奇心があるように、とりわけ健康で悪意があるように与える技法を学んだ。そして病人にあってはこのことは、私にはどうしてもそのように見えるのだが、『よき趣味』ではないのか。それにもかかわらず、より敏感な目と同情心を持つ人は、苦しむ者や欠乏に耐える者があたかも自分は苦しむ者や欠乏に耐える者でないかのように話す、ということを見逃さないであろう。そしておそらくそれは、この著作の魅力である。」〔邦訳6巻『人間的、あまりに人間的』一六頁〕

（6）ここには、七八頁の脚注に記したことと同一のことが認められる。

（7）デリダはある箇所で述べている。「ニーチェは、妊娠の思想家である……。」(Sporen - die Stile Nietzsches, o. O.,o. J., S.17) 私の考えでは、ニーチェはそれとは幾分違っているが、しかしそれに似た者、すなわち受肉の思想家である。もっと精確にいうと、受肉の転覆の思想家である。私の見るところ、ニーチェの非道徳主義は、主体の抑圧を取り去ることをさほどめざしてはいない。というのも、ニーチェはどんなときも、強化手段としての抑制の肯定的機能を過小評価することがないからである。受肉を考えるということは、暴行を見いだすことである。それゆえ受肉の転覆は放縦のファシズムではなく、反対に暴力的な過去との解放的な戯れである。そうであるならニーチェの「妊娠」は、暴行によってでも生を与えようとする試みということになろう。クライストのO侯爵夫人の哲学者、というところか。この作品は、『ケンタウロスを産む』というタイトルでもよかったのだ。

（8）ディオニュソス的ヴィジョンは過度の苦痛に喩えることができる。それが耐え難いものに属するということを、ニーチェは看破した。「五、六秒でじゅうぶんで、それ以上はいらない。そのとき君たちは突然、永遠の調和がそこにあることを感じるだろう。人間は、その死すべき外皮のなかで、それに耐え抜くことはできない。彼は、肉体的に自己を造り変えるか、あるいは死ななければならない。それは明確な議論の余地のない感情である。……もしもそれがもっと長く続いたなら、心はそれに耐え抜くことはできないであろう、心は消滅せざるをえないであろう。この五秒間に私は、人間存在の全体を生き、この五秒間を得るためであれば私は、私の生の全てを与えるであろう、それでもその代償が高すぎることはない。このことにもっと長く耐えるためには、人間は、肉体的に自己を変容させざるをえない。」〔邦訳17巻『ニーチェ書簡集II』二三七頁〕

（9）ニーチェは一八八八年十一月二〇日にブランデスに宛てて、自伝について以下のように書いている。「私はいま、世界史的なものとなるはずのキニク主義で、自分自身を物語りました。この本は、『この人を見よ』というタイトルで、キリストに対する配慮のまったくない、一種の暗殺計画です。それは、キリスト教的なもの、ないしキリスト教に感染したものすべてに対する、罵りと嵐の攻撃で

終わります。」（KSA 15/185）

（10）ヤーコプ・ブルクハルトに宛てた、次の言葉で始まる狂気の手紙を参照。「結局のところ私は、神であるよりもバーゼル大学教授の方がはるかにましなのでしょう。」

（11）このことに対しては、最後のディオニュソス賛歌「最も富んだ者の貧困について」の、以下の詩句を参照。

ああ哀れなるツァラトゥストラ！
君は黄金を飲み込んだもののように見える。
人は君の腹を切り裂くであろう！……
……
賢くあれ、富者たる君よ！
まず君自身を贈り物として与えよ、ツァラトゥストラ！
［邦訳17巻『ニーチェ書簡集Ⅱ』「ディオニュソス頌歌」五二三―四頁］

V

苦痛と正義

「地上には多くのよい創造物がある。それらのあるものは有用で、他のものは快適である。それらがあるからこそ、大地は愛すべきものなのだ。」

［邦訳10巻『ツァラトゥストラ』「新旧の諸板について」一二〇頁］

ということは、気違いじみた個人主義が、ニーチェの最終的な主張なのだろうか。彼はわれわれに、仮借ない身体性、非道徳的徹底性、そしていかがわしい第二の無垢を享受する忘我的な自由思想家を生み出せという激励以外の何ものも残さなかったのだろうか。

「ニーチェ様、いったいどこに社会的なものは残っているのでしょうか。あなたの忘我は依然として憲法の基礎の上に立っているのでしょうか。それどころか、あなたの日常の下には、無政府状態という地雷がありませんか。あなたは現代の諸問題に対して、何か言わなければならないことがありますか。それとも、孤独な認識と集合的な歌との間の不一致の指摘にとどまるのですか。あなたから期待できるものは、主体なしの主観主義、さらに一般的に考えれば、ポストモダンのコロキウム以外の何ものも生み出すことのできない主観主義なのでしょうか。それは虚栄心の秋のサロンですか。そこでは強弁は意味を免れ、論理は多元的に互いに入り乱れてぶつかりあっているだけなのでしょうか？　多数の、世界を放棄した肉体があるだけですか。社会と契約していない俳優ばかりなのでしょうか。年金をあてにしない冒険者たちなのでしょうか。後期資本主義のリアリズムを忘れた古代のプロジェクトばかりなのでしょうか。外交儀礼や社会福祉国家のない、新たな激情なのでしょうか。あなたはわれわれを、あなたの青年保守主義的な闘争のロマン主義とディオニュソス的な越境欲によって、混沌へと誘いたいのですか。あなたの刹那の礼賛と例外の崇拝とは、民主主義の社会心理学的前提、つまり間接的に参加し、長期的に考え、制度的に感知する能力を損ないはしませんか。あらゆる個人主義的煽動には火遊びがありませんか。すなわち、残忍さを鼓舞し、慎重さを萎縮させるような、解放を支持し、責任の息を止めさせるような、抑制からの解放の刺激がありませんか。あらゆる特異なものの強調は同時に、一般的なものの略奪であり、したがってナルシシズムと基本法との間の緊張を高めることに寄与しませんか。ニーチェ様、最も感受性の豊かな人たちを政治離れに誘惑するのをやめないなら、あなたは政治文化にとっての危険となるでしょう。自分たちの残忍さに哲学的良心の呵責を癒そうとして、あなたの著作から大胆なテーゼを借用する、恥知らずについては言わないにしても、あなたの力学的ロマン主義に襲撃へのお墨付きを見いだせると信じた政治とは、いったいどのような政治だったのでしょう。われわれは、この問題をもっとはっきりと論ずべきですか。」

これらの問いのなかで何が暗示されているかは、理念に関わる政治の記憶が最小限しか呼び起こされていないにしても、じゅうぶんに明確である。けれどもこの明確さは、精確でない知覚から生まれたものである。すなわちそれは、根本から間違った世界記述に基づいたもので、この記述を少しでも疑うやいなやすぐに徹底した曖昧さに解体してしまう。

それは、通常の社会では、平均的善意を持った成人諸個人が、共通の諸問題を協同して解決することに向けて一つになるには、どうするべきかが問題なのだ、ということを前提している。自分がより多くのことを欲する、より少ないことを欲する、あるいは違ったことを欲するがゆえに、そうした協力から逃れる者には、現実からの逃亡者ではないかとの疑いがかけられ、あるいはさらに、無責任な主体ではないかとの疑いがかけられる。主体が無責任だというのは、社会的なものに対する自分の盲目を治療的、私的な後退的イデオロギーで覆い隠し、最も憂慮すべきケースでは、生の美的正当化についてのニーチェの定式を口実にするからだ。

おそらく健全なものと見なされるこの見解は、少し注意深く見ただけでも崩壊し、残骸のそれぞれが間違ったものであることが分かる。似非社会学的な正常性の概念、善き意志という通俗道徳的要請、独断的自己愛に肥大した通俗存在論、など。この通俗存在論は、個人対現実という二重幻想となってあらゆる深い理解を妨げ、結局は社会共通の課題という通俗政治的な理念の強制に要約される。存在論的な万能接着剤としての「共通の価値」などというものが持ち出されれば完璧だ。「深い理解」という表現を、その教養市民階級的な聞こえの良さに委ねてしまってはならない。言葉だけでなく事柄そのものに迫れば、ドラマチックな出来事に巻き込まれざるをえず、その出来事の進展のなかで通俗存在論は、ディオニュソス的な理解の前に溶解する。批判的な諸個性がこのような「深い理解」に対して、伝統的な思想的資産が致命的な危機に陥るかのように反抗するのは、それゆえ少しも不思議なことではない。真理は、現状の主体にとっては恐ろしいものを意味するため、このような主体がその通俗存在論を拠点として、啓蒙する出来事＝ドラマに逆らうのは、当然のことなのである。主体は、自分が求めていると称するものを見いだしたくないため、批判的に振るまう。

ここまでは、なんとか理解できる。現存在をディオニュソス的なものの苦痛快楽的基礎の上に展開されるドラマとして体験する者（そうした体験から距離を置く注意深い個人など、いないだろう）にとって道徳的・社会的事実は、たとえそれらが制度のディスクールで最上級の現実として押しつけられようとも、やはり事後的に整理された非人称的なものとして現れざるをえない。制度的ディスクールで現実と呼ばれるものは、現実の代わりの現実でしかない、ということを明らかにするニーチェの真理論は印象的である。現実の代わりの現実とは、耐えうることおよび予測可能性の基準に従って世界の基礎をアポロン的に整頓、儀式化、制度化することである。しかし覚醒した個人においては、この代用は決して排他的なものとならない。個々人はいつも、諸存在論の十字路に立たされている。個々人が活発なのはただ、その身をディオニュソス的なものとアポロン的なものとが落ち合う場所として提供している場合のみである。すなわち、代理不可能な現実と、制度的で言葉に表すことが可能な「現実の代わりの現実」とが出合う場所を提供している場合のみである。

すなわち、ディオニュソス的に覚醒した個人とは、まさに現実からの逃亡者ではなく、苦痛快楽的基礎の近くで持ちこたえるような者ではないか。そのことによって個人と自然、生と社会との間の物質代謝にもたらされるすべての帰結とともに、持ちこたえる者ではないか。逆に完全に政治化され、完璧に社会化され、徹底的に道徳化された主体は、恐ろしい真理からの組織化された逃亡に際して最も成功した者かもしれない。現実との関わりという点において、このディオニュソス的な個人主義者、この分類不可能な者、過敏な者、非政治的な者、あるいは別の意味で政治的な者以上に、浸透力があり、本気で、完全に巻き込まれ、そして自身の生を賭している者はいないのではないか。もしかすると彼らは、他の一般的な政治すべてに先立つ、あの苦痛と快楽の生態学に取り組んでいる者たちなのかもしれない。もしかすると彼らは、実在している原初的政治家かもしれない。彼らは、大政治を専門的に扱う者とは違うし、また伝統的な行動主義者のスタイルで苦境を管理したり、苦しみを代理となる他者に押し付けたりするゲームを続ける者とは対立する。

ここで、政治的なものの概念自体に裂け目のあることが明らかとなる。政治的なものの昼の概念——そのディスクール、武器、制度ともども、戦い、議論する利害のレベルの政治的概念——を、世界の苦痛という隠れた生態学へとまなざしを向けるような、政治的なものの夜の概念によって補うことが必要となる。政治は、その昼の概念に従うなら、可視性というアポロン的世界に属し、現実の代わりの現実として、われわれの眼前で繰り広げられる。一方、政治的なものの夜の側面は、ディオニュソス的なものに含まれる。すべての日常政治の行為や反応に先立って存在する原初的政治の苦痛快楽的基礎の、不分明な力学に含まれる。この夜の概念には、モデルネの最も敏感な問題性が現れている。われわれは、一方で社会的に耐えうるものを近代的に構成することと、他方で、まさにそうした耐えうるものを構成することによって苦難が耐え難いほどに増殖することとの間で、どのようなバランスを取るべきかという問題に直面している。このような暗い問題設定からすると、以下のことまでは明らかである。すなわち、そう考えられる場合には、マキャベリからマルクス、ホッブズからホーチミンまでの政治学の論理はすでに、苦難というディオニュソス的政治学によってその基盤が崩されている、ということである。

危険な思考――その他に何かあるのだろうか。それは、お決まりの無政府主義的ロマン主義の深淵の弄び、おなじみの大衆の闘争ポテンシャルへの導火線の点火、社会化された主体すべてがそのうちに具えている、あの反社会的な爆発物を文学的に点火することなのだろうか。それは、この領域で活動している思考特有の憶測である。けれども私は、そうした問いのなかでモデルネの真正の衝動が、さらに考えを進めていると思う。モデルネの最良の諸契機のなかで啓蒙は、つねにディオニュソス的政治学の精神に基づいた出来事だった。真正なモデルネは、ひじょうに少数の人びとが大部分の人びとを苦しめるという悲惨の封建的存在論からの、途方もない脱出を遂行した。この点では自由主義、マルクス主義、無政府主義、社会民主主義、そして政治的カトリック主義は、全体としてみれば意見が一致していた。多数が少数によって永遠に苦しむべきではないという近代の苦痛の生態学に関する合意は、モデルネの分裂だらけの風景のなかで、すべての立場に共通する最も小さい共通項である。近代化の推進とは、かなりのところは、苦しむ諸主体が大量に、新種の耐えうる状態、苦痛の軽減、権限の付与、そして利益の獲得に至ることによって実現される。それらは、伝統的な標準で測ると圧倒的なものであったため、長い間、これらの負担軽減が人間の生活にどのような効果をもたらすのか、という問いを立てることすらできない状態が続いた。[1]

この問いの不在状態は、ここ数十年来のドラマによる覚醒によって終わろうとしている。モデルネは生を正当化したいという欲求を、技術的な負担軽減、政治的な参加、経済的な利益のエートスによって満足させることはできず、さらに弁苦論［Algodizee］[2]的な意味で生のディオニュソス的な正当化を求める、という感覚がめざましい速度で広がっている。ニーチェの新たな現実性は、この感覚にその画期的な根拠を持っている。われわれが見るように、宗教的な問いは宗教の終焉を生き延びた。それは、モデルネの高い次元において表現される限り、生の美的正当化への問いとして現れるのである。

当然ながらこのことはまず、近代化による負担軽減に価値があったのか、それは維持できるものなのかという疑いや、すべての人間が社会参加することはほんとうに実現可能なのかという疑いが、疫病のように広がったことと関連している。さらに、これらの疑いは、社会政策的なモデルネの道徳主義に対する懐疑が急速に過激化したことに基づいている。この懐疑は、啓蒙主義の道徳主義にはまだほんとうに、回復を要求する傷つけられた生の正当な声が聞かれるのだろうか、あるいは道徳を説く社会的行動主義の症候群はとっくの昔に、より一層の負担軽減と人道主義の進歩の口実のもとに、心ならずも前代未聞の苦しみの増殖を招来した運動の一部となり、その共犯者となってしまったのではないか、と疑ってさえいるのだ。

このような状況で、生の美的正当化についてのニーチェの説以上に示唆的なものがあるだろうか。美的なものを、生を正当化するものと考える者は、道徳的正当化の思考の呪縛圏を突破する。その呪縛は、モデルネ諸派のなかでもプロテスタンティズムに付着し、われわれに胃が痛くなるほどの道徳的ディスクールをもたらしたのだった。これに関する言明によってニーチェの『悲劇の誕生』は、これまでに論究されたことすべてを凌駕する哲学的射程を手に入れる。なぜならニーチェは、今日でもなお感嘆に値する無頓着さで、モデルネの道徳的難問を一気に解決したからである。彼は、道徳と生との関係を自然主義的にひっくり返した。すなわち、生を、ある永遠に満たされない道徳のレンズを通して非難する代わりに、道徳をある永遠に改善できない生のレンズを通して考察し始めたのである。この転倒は、「当てこすりの文」、すなわち「美的現象としてのみ、世界の現存在は正当化」される、という文に説得力を与える。そして、道徳的なものの優位に今日なお固執する人たちにとって、なぜそれが受け入れ難いのかを説明する。

苦痛に関して、人びとの意見は分かれる。実際、われわれは、生の苦痛について二つの正反対の解釈を知っている。不当にかつあまりに長期にわたり啓蒙主義の唯一正当な声と自称する道徳的・政治的解釈は、ほとんどすべての苦痛に不正の変種を認識し、したがって苦痛から、社会政策的な、いや歴史哲学的な展望へと広がるような除去プログラムを導き出す。道徳主義的・理論的モデルネは、弁苦論の問題に対して進歩的な普遍的鎮痛学で答えようとする。その普遍的鎮痛学において、苦痛は、将来の廃止に向けた存在的動機としてのみ認知される。こうした見解が、中間的な領域で理性的と実証される侮れない見解であることは証明を必要としない。治療的行為の大部分は、そうした理性的見解の信頼性に基づいている。その見解の真理値を評価できるのは、苦しみとその軽減を経験した者だけである。苦痛から発せられる言葉を、もっともはっきりと口にしていたのはニーチェである。「過ぎ去れ！」と。

しかし、ニーチェのディオニュソス的弁苦論は、道徳的な廃止プログラムとは真っ向から対立している。それは、徹底して古代の方法で、苦痛を肯定する忍耐のエートスの記憶を、苦痛を否定し廃止する現代的理念に対置する。ニーチェの弁苦論は生を根底から内在的に、苦痛快楽的基礎の乗り越え不可能な動きと捉えているため、救済の形而上学はすべて否定される。救済の形而上学の現代的翻訳である、苦痛排除プログラムと治療学に至るまで否定される。これはつまり、ニーチェにおいて、千年ずれてストア派が復活したということだろうか。それとも、救われようのないキリスト教徒が、キリスト教の歴史的約束を、新しい古代的な身ぶりで瓦礫に放り出そうとしているのだろうか。

> ディオニュソス対「キリスト」、そこに君たちは対立を見る。それは、受難についての見解の違いではない。同一のものが異なる意味を持っているだけなのだ。生

そのもの、その永遠の多産性と反復が、苦痛、破壊、根絶への意志をもたらす。……キリスト教においては、受難、すなわち「罪なき者の架刑」は、この生に対する異議申し立て、生の有罪判決の定式と見なされる。つまりこの問題は、苦しみの意味についての問題なのだということが分かってくる。キリスト教的な意味か、あるいは悲劇的な意味か。キリスト教的な意味では、それは神聖な存在への道であり、悲劇的な意味では、存在はとてつもない苦しみをなお正当化するにじゅうぶんなほど神聖なものと見なされる。悲劇的な人間は、もっとも過酷な苦しみでさえ肯定する……キリスト教徒は、地上のもっとも幸福な運命でさえも否定する。十字架にかけられた神は、生への呪詛であり、生からの解放を指示するものである。切り刻まれたディオニュソスは、生の約束である。生は永遠に蘇り、破壊から帰還する。

［邦訳13巻『権力への意志』五二八頁］

生の美的正当化についてのニーチェの説が、シニカルな唯美主義とは反対のものであることは明らかだ。それは、ディオニュソス的熱情の極としての苦痛を、もはや救済を必要としない生の内在性へ完全に引き入れようと試みる、そういう弁苦論に基づいている。覚醒した生すべての基礎となっているディオニュソス的熱情のなかでは、逆説的にも、われわれが耐え難いことを耐えることと表現した事態が生じる。しかしこの耐えることは、回り道なしの耐えることではなく、忘我と夢という最も古い心を高揚させる薬物に二つの不可欠の援助者を持っている。ディオニュソス的熱情のなかで忘我と夢は、此岸的救済者の役割を演じる。それらはともに、直接性のゆえに没落しないためにわれわれにとって必要な、あの中間的世界と耐えうることとをつくり上げることに寄与する。

ここで、ドラマトゥルギー的考察の結果としては『悲劇の誕生』はアポロン的に読まれなければならない、というテーゼが、いま一度重要となる。この本は、ディオニュソス的熱情が具象的なもの、表象可能なもの、耐えうるものへのアポロン的翻訳に頼らざるをえないということを示した。ニーチェはこの本で、文化、象徴化への強制、表現の側に立つことを公言した。この公言が二重の基礎を持つことも、同様に明らかとなった。なぜなら、たとえ文化は全体としてみると仮象の世界に含まれるとしても、その仮象は生そのものの真なる嘘であるがゆえに見抜くということを許さないからである。そのような考えによれば文化とは、われわれそのものであるような虚構である。われわれは、直接的なディオニュソス的熱情の耐え難さから、耐えうるもの、中間的なものへと自己を移した、生命あるものの自己発明品として存在する。生そのものが文化へと自発的に高まるのは、耐えうるものと耐え難いものとの弁証法、そこから代理の過程を生みだす弁証法のおかげである。それゆえ、ニーチェの基本的な考えからは、モデルネの世界経験に適切な倫理も構想される。必要不可欠な仮象の倫理、耐えうるものの倫理、中間的世界の倫理、苦痛快楽の生態学の倫理、創意に富んだ生の倫理である。ニーチェにあって仮象の概念は、倫理的なものと美的なものとの対立、いやそれどころか治療的なものと政治的なものとの対立を調停するような強い力を具えている。

ニーチェのレンズを通すと、道徳的・政治的諸制度の世界は、生に必要不可欠な仮象の領域として、自己に耐えるために自己を象徴化し、儀式化し、諸価値のもとに置かざるを得ない集合的な生の自己創作の形式として現れる。このことによって、文化のアポロン的骨格が形成される。『悲劇の誕生』との関係で本書冒頭述べたこととつながるが、それらはアポロン的な安全装置であり、その保護の働きによってはじめて、ディオニュソス的なものの到来が文化的に耐えうるものとなるのかもしれない。しかし法、しきたり、慣習、そして制度という規範の領域がその正当性を受け取るのは、生の文化的強制からであって、普遍的な道徳律の自律性からではない。それにもかかわらず有効なものであるためには、道徳律は自律性と普遍性という仮面をつけて現れなければならない。いかなるアポロン的倫理の基盤もディオニュソス的なものによって空洞化されている。一方、いかなるディオニュソス的倫理もアポロン的自律性の虚構なしには存在しえない。このことは、ニーチェに言わせれば、根本的なアイロニーについて承知していないような文化の理論は、もはや存在することができない、ということになる。ニーチェは、たしかに道徳論的・文化論的思考の方向を自然主義へと定めたが、しかしその自然主義を美的かつ幻想主義的に開放した。彼は、生の出来事そのもののなかの詩的、偽装的、欺瞞的現象を突き止めたのである。すなわち、われわれは、すべての文化的なものの自然的な基礎を追究する。しかしこの自然的基礎は、同時にまた、文化的なもの、価値の世界へと高まるものなのだ。かくして人間の意識は、存在論的にはアイロニカルな場所に置かれていることになる。すなわち、擬態する動物が自身の虚構を見抜かざるをえない場所である。このアイロニーの目覚めは同時に、哲学への目覚めである。その場所から離れることのできないアイロニーであり、また距離を取ることのできる追究ではない。この場所では、認識によって生に距離を置くメカニズムは停止する。距離を取れないものとは、われわれは戯れるしかない。

すなわちニーチェの弁苦論は哲学的倫理学の萌芽を含んでいるのだ。たしかにその倫理学の土台は悲劇的なアイロニーではある。が、道徳的仮象は生の自己創作の一部なのだから、自然主義的な意識も道徳的創作の背景を確かめる必要はない。道徳的創作は、社会的生物のサイバネティックスに不可欠なものである。アポロン的なものは、サイバネティックス的に考えると、ディオニュソス的諸力および個々人の無秩序な多様性の持つ無定形の衝動に、「節度」、個性、自己制限、そして合理性という法のもとにある制御形式の刻印を押す必要性を主張しているにほかならない。「法」は、法を欠く状態の耐え難さから生まれた、人間のひとつの正夢である。それは、耐えうる動的均衡状態［Homöostase］にある「中間的世界」のなかで、生を自己制御する機構の一部だ。われわれが文化と呼ぶ、包括的な自己創作の一部である。すべての法、あらゆる道徳は、耐え難いもののサイバネティックスにおける制御変数なのだから、法の自律性、普遍性の要請がつくり出すアイロニカルな影から逃れることは不可能である。そのような諸価値のあるところにはアイロニーがついてまわる。(3) 諸価値およびその自律性への素朴なアポロン的信仰をモデルネのなかで回復させることは、もはやできない。

倫理学がサイバネティックスであるなら、それが目標を追求するのではなく、攪乱を処理するのだということも、納得のゆくこととなる。倫理が世界を変えるべきだと信じることは、典型的なモデルネの誤謬である。そうではなく、倫理学の課題は、世界のとても激しい自己変化の直中で、生が耐えうるものであることを要求するアポロン的自然権の保持だ、ということを認識しなければならない。ニーチェは、倫理的・アポロン的なものの規制的な性格を、模範的に表現している。彼が要請したのは、一人の個人のうちに浮かび上がるディオニュソス的な苦痛快楽的基礎の分量は、つねに、「アポロン的な変容の力」によってそれがふたたび「克服できる」分であるべきだ、ということだった。これ以上に洗練された文化への信仰告白は考えられるだろうか。

ここで、通常と異なった意味での正義の概念が現れる。というのも、ニーチェは同じ箇所で、続けてこう述べているからである。

したがってこの二つの芸術衝動（アポロン的なものとディオニュソス的なもの）はその力を、相互に厳密な釣り合いを保ちつつ、永遠の正義の法則に従って、発揮するように強いられている。

〔邦訳2巻『悲劇の誕生』二〇〇頁〕

正義は、生きた諸過程の自己制御に必要な動的均衡状態の倫理学となる。ニーチェはこのことを、ひじょうに逆説的に、次のように表現した。「存在するものはすべて、正当でありまた正当でない、そして両者ともに同等の権利がある。」〔邦訳2巻『悲劇の誕生』九一頁〕机上でよりよい世界のプランを描く者は、このようには語らない。自国の道徳的な語彙を分析的に批判し、その業績に基づいて自身を哲学者となす者は、このようには語らない。自己の肉体を手掛かりにして実験的に現実の組織の中へ突き進み、苦しむ生の生態学を見つめる者だけが、このように語るのである。

当然ながら、ここで問題となるのはもはや、形式的倫理学あるいは実質的価値論で話し合われることではない。善と悪をめぐる争いの背後、そして文化的ないし政治的優位を求める諸価値の競合の背後には、挑発的かつ危険を孕んで、モデルネの哲学の中心となるような壁がそびえ立つ。すなわち、主体性というものをどう理解すればよいかという問いである。たしかに、サイバネティックス的な正義の概念の導入によって、すでに決定的なことは行われている。それは重大な帰結に至るのだが、しかしまた、主体の道徳的自律性の幻想と自由意志という迷信を標榜した人びとにとってはまったく不可解なこと、受け入れがたいことにとどまらざるをえない。個人、市民、法人、人間、あるいはほかの何と称されようと、およそ道徳的主体は、この転回とともにすでに、道徳的宇宙における虚構的中心の役割から解任されている、ということである。主体は「脱中心化」され、主体を欠く諸力の動きのなかにある、あるものとなった。ここでは、このことが主体の価値引き上げなのか、それとも格下げなのか、その放棄なのか、それとも解放なのかという問いは、答えないままにしておかざるをえない。どのみちそれは、簡単には決定できないであろう。

自律性の虚構に丁重に別れを告げる主体の脱中心化によってはじめて、自我と意志の彼岸に主体性の有効な構成が可能となるかもしれないということは、考えられないことではない。一見、中心からの悲痛な追放のように思われたものは、よく見ると、冒険的な充実であることが明らかとなるかもしれない。次のことが当たっている場合にはである。すなわち、どのみち主体は、脱中心化を自覚するなかで、自分が決して持っていなかった自律性を放棄するだけで、そして自律性の幻想によって失われざるをえなかったもの、すなわち肉体との戯れと、対話と忘我の位相とを得る、ということである。中心化した主体が、当為と意志との間の活発な意識を酷使する致命的な文法の成果であるのに対し、脱中心化した主体は、自己について正当に、私は存在する、と言うことが許される、おそらく最初の主体であろう。

これらの熟考の結果として、何が明らかになるのだろうか。もしそれが実り多い洞察をもたらす可能性があるとして、正義概念のサイバネティックス的解釈を受け入れ、そしてそこに、活発な自己創作を行う建築主の本質としての、徹底して遠近法的で、構成的で、選択的なものを見るとすると、それはいったい何の役に立つのだろうか。おそらくこれらの熟考の意義は、啓蒙という現象の自己解釈にとっての、そこからの帰結にしかない。啓蒙は、理性的な主体性を実現しようとする歴史的な賭けであるので、啓蒙の主体は、道徳的・法的な意志の中心というものから、サイバネティックス的で媒介された現象への主体概念の変容により、根底から揺り動かされる。それは些細なことではない。おそらくそれは、哲学的思考における賭けとしての、あのすべてか無かである。啓蒙の主体は今後、かつて欲したようにアポロン的幻想の規則に従って、意味、エートス、論理、そして真理の自律的源泉としては、もはや成立しないかもしれない。主体が構成されるのはわずかに、媒介的、サイバネティックス的、離心的、そしてディオニュソス的にのみ、すなわち諸力の制御系のなかの感覚器官として、非人格的な対立をコントロールするために覚醒状態にある場として、根源的苦痛の自己治癒の過程として、そして根源的快楽の自己創作の審級としてのみである。より文学的に言えば、ディオニュソスが自己自身を観察する目としてのみである。(4)

そうした媒介的な主体性という考えで見れば、啓蒙の道徳的構成主義は、素朴なものに見えてしまう。その上、この構成主義から、道徳の世界支配の幻影が導き出されるなら、素朴さは一種のヒステリーになる。それは空中にデーモンを生み出すことであり、アポロン的幻想の不能の自己交接である。ニーチェがその道徳批判で、あの第二の反省の最小限をわれわれに披露してくれた。それがなければ啓蒙は、自然発生的な幻想主義にとどまるしかなかっただろう。けれども道徳なしのモラルなき道徳は、不可避の幻想との美的な関係なしにはありえない。

われわれが不協和音の人間化ということをもし仮に想像することができるとしたら、——そして人間とはそれ以外の何であろうか?——かかる不協和音は、生きるために、己自身の本質に美のベールをかけてくれる壮麗な幻想を必要とするであろう。

［邦訳2巻『悲劇の誕生』二〇〇頁］

アポロン的なベールは、道徳的であるとともに美的であり、そして特に、啓蒙が主体の道徳的自律性と呼んだ、あのすべての自己欺瞞のうちで最も華麗なものによって織られている。だから人間は、その道徳的生態学からすると、苦しみ、夢想し、建設し、そして評価する性質のものであり、それは自身に耐えるために、苦しむということの単純な自明性から自由であるという幻想を必要とする。

これは、およそ快適な思想などではなく、生の美的正当化に関するニーチェの説が浅はかなプログラムなどではないということを証明している。ニーチェの説は、むしろ、新道徳などというより高度なペテンにはまることなしにモデルネの道徳的状況を考える、最も真面目な試みの一つであり、おそらく唯一の有望な試みである。この試みの真面目さは、近代の抽象的な主観主義に対する攻撃の大胆さとつながっている。このニーチェの企てが異彩を放つのは、それが正義の身体的基礎への後退の初期のものであるからだ。それは、先に話題となった、思考の身体的基礎への立ち戻りに比して考えられるものである。両方の場合に発言しているのは、下からの真理としての真理である。つまり、身体を探し求める理念としてではなく、知力を持つ身体として、すなわち、価値評価に基づいて、厳密に遠近法的に、「建設的に」、「裁断的に」、「破壊的に」、その自己創作の歩みのなかで自己を言語へ、精神へ、そして正義へと羽ばたかせる[5]、そうした知力を持つ身体としてである。しかし真理の認識は、天から降ってくるようなものではなく、以前には隠れていたこの世の現実をドラマによって露わにすることに基づいて、われわれにとって明らかになるものである、ということ、これが真正のモデルネの基本見解である。そこに用いられる言辞が、科学的なものか、新宇宙論的なものか、深層心理学的なものか、マルクス主義的・労働人間学的なものか、あるいは基礎存在論的なものかは、問題ではない。身体性の暗号にはディオニュソス的唯物論の到来が告知されており、「弁証法的」唯物論はその粗野な戯画にすぎなかったのである。

　これらの所見によってわれわれは『悲劇の誕生』を文化哲学的な諸洞察を伴う美学的な理論として読むことができた段階を後にする。以下の締め括りの考察では、悲劇書の「真理の歴史」における意味がより大きなものであることを明らかにしてみたい。
　実際のところわれわれには、ニーチェとその著作の大部分は、自然の言語化、自然の自己活性化の、見通しのつかない、しかしその射程の点で地球的規模の歴史に属するかのように見える。だからこそこの出来事に、さきほどディオニュソス的唯物論という表現を用いた。ディオニュソス的唯物論という表現は、納得できるものであると同時に、その表現の不充分さに気づかされざるをえない。近代の唯物論に関わるあらゆる発言は、最も粗野な主観主義と、最もシニカルな対象化の思考の諸形式との共犯の危険を持っている。それでも唯物論的信条告白は、その精神からして、精神の非他者としての物質との和解に向かおうとした。それは、不幸にも身体的基礎の上を漂う形而上学とその身体的基礎とを媒介し、論理の亡霊を連れ戻そうとしたのである。近代の唯物論は、いわば観念論の母権制的撤回として構想されたにもかかわらず、ほとんど至るところで最後通告的な暴力的抑圧、および究極の権力掌握の思考形式としてその力を発揮した。したがって、いま一度ディオニュソス的な唯物論と媒介的な世界生成の精神において近代の統一性を下から呼び起こすためには、歴史的潜勢力と近代の自己制御力への、素朴というよりむしろ絶望的な信仰が必要であると、私には思える。

しかしそれはそれでよいが、いまだにこの思考は、さまざまな種類の退化、自閉、荒廃に対して、より大きな力、より首尾一貫した構造を持ち、より深い世界を含んでいる。それは、比類のない出来事、ドラマの普遍性の表現形式としての自己自身を信頼するがゆえに、自己を唯物論的およびディオニュソス的と捉える思考である。この思考は、身体的に世界に開かれているという形で地球の磁場にあることを知っているのだが、その磁力はわれわれに次のことを示す。主体性の境界を除去しても迷妄に陥らないのは、地球の周囲を回転している場合であって、そのことによりわれわれは、われわれの作用場がどこにあるのかを知るのである。このような、宇宙航海し精神航海する理性の、無限であると同時に有限の公転のなかで、モデルネの諸自由は、はじめてその意味の脆さを見いだす。宇宙航海する理性は、世界交通、世界貿易、世界コミュニケーション、世界生態学の、そしてそれらの危機としての戦争の源泉であり基礎としての惑星＝地球と関わり合わなければならない。それに対して、精神航海する理性は、個人が生まれつきの世界市民主義に耐える能力を持っているかどうかを問う。それゆえ、私が思うに、二百年来ヨーロッパで不断に形成されてきた諸心理学は、真正の啓蒙の核心部分である。それらの心理学は、精神航海する理性の象徴による表現手段、つまりわれわれが主体の奥底に至るまで普遍的であるべきことを宣告されていることについて語るあらゆる自省の形式の、象徴による表現手段である。ディオニュソス的唯物論の出来事のなかで、個々の精神は、「世界」の連関がますます強力、ますます緻密になる事態に直面せざるを得ない。個々の精神は、当初は耐え難いものからなる諸世界からひとつの世界を不断に暴露し、耐えうるものへと作り変えなければならない。個々の心は、外部から「到来する」あまりに多くのものの衝突を内部へと受け入れることを学び、諸世界が外的に開かれることに内的な世界開放性の増大によって対応しなければならない。ディオニュソスは、学ぶことの忘我も保護する神である。それに従うと、能動的な唯物論のディオニュソスの祭りを内部に向けて生きがいのあるものにしなければならない現代の諸心理学の基本的問題は、地域性、有限性、そして死の不安の刻印が押されている諸個人は、そもそもいかにして、地球的規模の事実への従属に耐えることができるのか、ということになる。ハイデッガーの言葉で定式化すると、有限な現存在は、いかにして、排除不可能な普遍性のなかへの被投性に耐え抜くことができるのか。

この問いへの解答以上に込み入ったものはない。しかし、それは何の役に立つのか。来るべき神は、今日、複雑性というディオニュソスの祭りのなかで到来する。モデルネという世界時がディオニュソスの存在の時である者は、以前にもまして込み入った歴史のなかで行くべき道を見いだす必要がある。

私は最近、モデルネのもつれた糸の一本を一つの哲学的な物語に編むという試みを企てた。私は、ニーチェ、フロイト、そしてユングの構想がはじめて、身体と世界との深層心理学的媒介を近代的諸個人にとって拘束的なものにしたわけではないということを示そうとした。無意識的なものの決定的な浮上運動を観察するためには、フランス革命以前の日々にまで遡らなければならない(6)。無意識的なものとは、近代において、つまりポスト宗教の時代において主体性を主体性よりも古いものへ結びつけ戻そうとしたときにたどり着く源泉の名である。身体とドラマとは、この新種の結びつけ戻しの意識の物質的基盤である。身体とドラマにおいてわれわれは、主体が好むと好まざるとにかかわらず、世界連関に入るとき、主体の偏狭さが破られるのを経験する。その世界連関に主体は無意識的にとっくの昔から属しており、またどのみち決してそこから逃れることができない。あらゆる内面性は、身体の深いところで、普遍的なものの磁力に織り込まれている。

一九世紀の三つの決定的な革命は、プロレタリアートの政治化、女性の文化的発言、そして無意識の発見であると言われてきた。これらすべての運動では、たったいまディオニュソス的、あるいはドラマ的唯物論と呼ばれた同一の出来事が起こっていたと言えるのではないか。いずれの場合も、技術文明による革命的な負担の軽減のおかげで新種の表現の生態学を発展させることができた、身体化された複数の真理が突発してきたということではないのか。

ニーチェの著作と人物とをこれらの浮上運動から切り離してみるなら、ニーチェの正義の理念を適切に理解することはおそらく不可能である。とりわけ、ニーチェの衝動を、無意味にただひたすら生産し続ける最盛期資本主義の、非道徳主義的な放縦傾向との共振だけから説明しようとするなら、それは不当な単純化と言える。たとえ最盛期の資本主義が、その「建設的」、「裁断的」、「破壊的」な価値措定ともども、能動的ニヒリズムに属するもののすべてを持っているとしてもである。むしろ、彼の著作を、黄昏のなかのドラマと捉えた方が、ニーチェに対してははるかに正当だということになろう。形而上学の偶像の黄昏、諸観念論の崩壊のなかのドラマである。それは、排除された身体的なもの、ドラマ的なものの浮上運動の一部である。今まであまりに長い間受肉の機械装置として濫用されてきた身体が、その傷ついた状態、隠蔽、そして文化的忘却から明るみに出される。身体は近代の負担軽減、権利、そして象徴による表現を利用し、下方にあるものを新たに混入しようとする。それは「下部構造」を新たに現前させることであり、その下部構造はいつもは狡猾に、何か特定のものを求めているかのように、また主体性という陽の当たる場所を求めて戦うかのように振るまう。しかしそれは根本においては、ただ再び美的になり、絶対的自己提示の段階へと歩み入るようなチャンスを求めているだけなのだ。

しかしこれらの下部構造の運動のなかで、プロレタリアの運動とフェミニズムの運動はもっとも容易に抽象的個人主義の主体性の模造品と見なされる一方、無意識の浮上運動は、自我心理学による曲解や治療専門家主義による異化があるなかでなお、これまで挙げられた諸運動のうちでもっとも有望な現象である。二百年来ヨーロッパ精神の相貌をつくり上げている諸深層心理学は、ここでディオニュソス的・唯物論的と言い表される歴史のなかの、もっとも特徴的な動きである。それは、単に道具的、戦略的だけでないような啓蒙の、もっとも重要な理性ポテンシャルを救い出す。それだけが、近代の諸条件のもとでドラマの実際を適切に考察することができる。それらがその真正の衝動に忠実であり続ければ、痛みに対する合理主義の意図的な無感覚を退け、抽象的な個人主義との協同を拒む。抽象的な個人主義は、自然搾取的な理論的・道徳主義的主体性の世界支配がその形式のなかで自己主張する、心的・法的形式にすぎない。諸深層心理学はいわばモデルネの考える心であり、その心は、すべての肉体が徹底的に主体化された戦闘マシーンに硬化し、自覚的に冷淡な法の担い手に硬化すべきでないのであれば、自然を切り開く歴史においてずっと鼓動し続けなければならない。この心は、ディオニュソス的パッションの中心で考える。すなわち、負担軽減の理性と耐え得るものの構成も含まれる苦しみの生態学を想起しながら考える。それは、知的武装および体の甲冑化の支配的水準に達成するため硬化と陰鬱化とともにあったすべてを含め、文明の傷の歴史を蓄積した、生きた記憶である。

　何が意味されているのかがすぐには分からなかったり、自分の力で理解することができない場合には、こうしたことはすべて、曖昧にするような印象を与え、理解への欲求を満足させることができないかもしれない、ということは認めざるを得ない。ニーチェはここでは、近代フランス作家の模範に従って、明白でないことを芸術の一ジャンルとして面白がっているのだろうか。あるいは、深層心理学的な認識のドラマを指摘するものの上にある覆いを文学的な味付けと理解するのではなく、「事柄そのもの」がわれわれにとってそこに存在する、そのあり方として理解できる、という方が納得がゆくだろうか。われわれの思考は、その能力の限界を測る場合、すべてを透明にすることはできないという洞察を回避することはできないだろう。合理的な世界の背景は非合理的なものであるという事情、さらに透明性は非透明性の壁の前でのみ発展することができるという事情を認めることによって、啓蒙は、全能感をともなった透視幼稚症の段階を離れ、理性批判的成熟のレベルに足を踏み入れることができる。メルロ＝ポンティは、ニーチェは影を引きずっている、その影は「来るべき光の事実上の不在以上のことを意味する」と述べたが、これは啓蒙全体について言うことができる。

こういったことすべては、いったい何を意味するのだろうか。それが何を意味しないかの方が、容易に言うことができる。例えばそれは、社会の深層心理的な啓蒙に関してすぐに何かが企てられるべきだ、ということを意味しない。それは、われわれは主体性がドラマ的な不明瞭な構造を持つということへの洞察から何かをすべきだ、ということを意味しない。たとえば、ディオニュソス的であると同時に社会的能力のある個人を生産しようとするような精神療法をつくるべきだ、ということを意味しない。それはまた、数百年にわたってエゴイズムが組織された後で、愛情に満ちた相互行為へと精力的に転換すべき時がきた、ということも意味しない。これらの否定は、愛情に満ちた相互行為、精神療法、何かを企図し実現しようとする精神に反対するものではない。否定され、あるいは少なくとも中断され、強制力が働かないよう阻止されるもの、それは、そもそもわれわれの態度を、行為を企てたり、遂行したり、そして転換したりする方向へと導いている、まちがった反応である。ことごとく実践という神話に依拠しているこれらの反応は、モデルネ特有の、問題を解決しようとする行為やアンガージュマンのイデオロギーに先立ってあるものである。

このことがもっとも明瞭に示される現象こそ、近代理性のドラマ的核心としての深層心理学である。なぜなら深層心理学の過程は、ニーチェの観点から言うと、ドラマ、悲劇、出来事ということになるが、それらはその発現の類型からしてまさに、つくり出したり、企てたりすることによっては達成できないものだからである。それらは、その独特のあり方からして、われわれには成し遂げることのできないもの、引き起こすことのできないもの、方法に従ってつくり上げることのできないものの存在論的モデルである。それらは、任意処理の合理主義が支配するこの社会のなかで、もっとも現実的なものが任意には処理できないものであることの記念碑として聳え立っている。このもっとも現実的なものはつねに、行動する主体性の彼岸で起こったり、起こらなかったりする何ものかであり続け、けっして主体の此岸にはない。情熱的な愛、自発的な想起、出来事としての洞察、純粋な成就、幸福な共時性、清算する挫折、時宜を得た分離、根源的苦痛の突発、これらすべては、意志がみずから欲することを遂行できない領域を示している。ただし、深層心理学的な意識も、それ自体が技術的実践の形式で制度化されたり、治療専門家主義に陥ったりする誘惑に対してはほとんど無力であるということは明言しておかなければならない。

ここで、ニーチェのドラマの理論を想起することが、いま一度有益であろう。なぜならニーチェは、ニヒリスティックな行動主義の世界公式としての力への意志を追求するずっと前、初期の段階で、ただ計算するだけの主体が登場人物ではもはや悲劇は不可能だと明瞭に認識していたからである。個々人のショーが始まるところで、演劇は終わる（彼のエウリピデス批判を見よ）。圧倒的なドラマが展開されるのは、諸個人が自己の責任において行為するにとどまるのではなく、諸個人の自己意識よりも古い起源を持つ出来事に浸透される場合である。真正のドラマは自然のディオニュソス的受難として行われる。それは出来事によって、その個体化、その「運命」、そしてその「未来」を想起させる。そのような考えによれば、ドラマは本質的にサイコドラマである。ただし、想起と出来事、認識と運命の統一体としてのサイコドラマである。それゆえ啓蒙とドラマとの関連は解消できない。たとえ現代において認識を組織化すると、すべての啓蒙の問題が情報処理の問題へ変形されがちだとしてもである。しかし認識は、出来事のなかの出来事、すべての運命のなかの運命である。認識はつねに、恐ろしい真理のアリアドネの糸を手掛かりとする精神航海の過程という性格を持つ。次のことを思い出そう。認識の征服者であり病人である英雄の真理探求は、恐ろしい真理からの逃走として始まる。その探求は、生起した、あるいは生起する真理を意識的に受容するようになれば、発見になる。心の旅の途上にある主体は、神の忍耐を探し求める非神的な非忍耐者である。これは、快楽、苦痛、認識が一体となったものとしての生をディオニュソス的に統合することについての、もう一つの表現にすぎない。それゆえ、ディオニュソス的な英知は、苦しみからの救いを説かない。それは、上への回避を信じない。むしろそれは、少なくとも苦しみを苦しむことから人を解放する洞察を与える。

こう考えてくると、ニーチェの言う悲劇による治療は、啓蒙された啓蒙を主導すべきものなのだろう。それは、どんな手続きによっても強制できず、またどんな方法によっても支配できない、あの洞察のモデルなのだろう。もしドラマによる治療への信仰告白が、行動主義に汚染された時代精神によって再び、実践的な意図で行われた立場表明と誤解されることがないのなら、そのことを主張として書きとめることに一瞬の躊躇いの必要もないであろう。すなわち第二の、より高次の啓蒙は、躊躇いから始まらざるをえないのである。啓蒙された躊躇いは、省察と叙事的忍耐との閃光である。それはちょっと見ただけで推測できるよりはずっと多く、精神の航海と関わり合わなければならない。なぜなら、その語に見合った意味での精神分析は、主体が中央から退いて、主体の歴史や主体のドラマそのものがみずから語る場合にのみ、実施できるからである。当然のことながら、精神分析という表現で考えられているのは、信用を落としたフロイトの企てではなく、精神航海の全体、つまり、ほぼ二百年前から、美学、治療法、そしてディオニュソス的反省の間の場所で、ポスト宗教時代の主体を深化させている、深層心理学による啓蒙という出来事全体である。深層心理学的ドラマトゥルギーに、啓蒙の過程におけるかくも高い位置価を与えるのは、水を治療的行動主義の水車へ導くことではけっしてない。モデルネにおける精神航海という現象は、どのような行動マニュアルにも依拠していない。その過程は、それ自身からして出来事的である。

いずれにしても、理性的な行為ではなく、起こるに任せるという理性的な放置が、認識と啓蒙の条件となることを、このニーチェの場合と同じように示唆する思考モデルを、われわれは他にはほとんど知らない。このことが「意味する」ことを経験から知っている者は、この行為と放置との関係についての思索がどれだけ重要なものかを推測できるだろう。問題となっているのはまさに、主体と過程の両極への理性の有意義な分配にほかならない。おそらくこれはポスト形而上学的な学習過程と呼ぶべきものである。世界文明のレベルでの治療ドラマは、誰かがそれを主催したり処方したりすることなしに実現される。それは、価値評価、建設、地均し、破壊を伴う能動的ニヒリズムの疾走を終わらせるかもしれない学習過程である。ハイデッガーは、ヘルダーリンの「危険のあるところに、救うものも生長する」を参照したとき、おそらく間接的にこういったことを考えていたようだ。新しい中心的主体が上位に置かれることなしに行われる地球的規模の治療法は、主体性の軍拡競争をみずから中止させるかもしれない唯一のものとして現れる。この領域でのあらゆる行いが、メフィストの辞書から直接出てくるような「信頼を形成する措置」であっても、それは結局のところ、単なる継続であることが明らかとならざるをえない。そして現代の大きな奈落はことごとく、これまでどおりに継続するということの延長線上にあることは、すでに子どもでさえ知っている。中止を命じる治療という言い方はここでは致命的な色合いを帯びてしまうが、それは結局のところ破局と呼ばれざるをえないのかという問いは、思考に沈潜したときのわれわれの時代の問いである。このことをもはやひとつの問題ではなく希望とするような多くの悪魔の下っ端には、その哀れで邪悪な楽しみを与えておけばよい。

ニーチェの悲劇書の読書からわれわれは、ディオニュソス的学習への一種の手引きへと行き着く。このように学習と言う代わりに、治療法、精神の航海術、あるいはサイコドラマと言ってもいいかもしれない。いや、それどころか、政治と言っていいかもしれない。この政治という語を、先に説明した夜の概念に従って理解するならば、である。ディオニュソス的学習は、極端な危険の渦中での認識の閃き、きわどいぎりぎりの所での認識を意味する。その学習は、舞台が現実そのものであるがゆえにそこから逃れるということはありえない、そういう舞台の上での思考を表している。生は舞台という罠である。

しかし、まさにディオニュソス的学習のなかでこそ、アポロン的な安全装置が必要である。演じ手のドラマへの衝動は、美的なものから政治的なものへと直接に翻訳されてはならない。この点でヴァルター・ベンヤミンの警告は、今日に至るまで有効である。それらの衝動はまず苦しみの政治的生態学を規制するような、アポロン的媒介を経る必要がある。今日の諸条件のもとでは、衝動に基づくような政治的行動はあっという間にファシズム的なものへと滑り落ちざるをえない。

われわれは次のように言おう。後期資本主義に生まれ落ちたときから個体化の苦痛が募っていくが、後期資本主義そのものに、その責任を負わせることはできない。そのように反射的に思いつくことがいかに分かりやすく、また誰のせいかと本能的に探し、犯人がこいつだというディスクールがどんなに多くあろうとも。この苦痛は社会形成のあり方にではなく、生の循環過程に属するのであり、これを政治に準じたレベルで処理するためには、自覚的な反政治的治療法が必要である。諸個人を政治的に無関心にするためにではなく、政治が神経症になるのを防ぐため、つまり政治的なものを、精神力学的運動とディオニュソス的短絡から保護するためである。[7] 治療法と言っているのは、当然ながら単に心理学化するサブカルチュアの営みだけでなく、社会生活の苦痛快楽生態学に寄与する技術、儀式、遊び、ゲームの全体である。すなわち意識的生活のすべての道と、精神航海のすべての行路である。これらの行路のうちで、伝統的な治療の試みと並び、神話的、詩的、シャーマニズム的、そして新宗教的なものが今日ますます目立ってきているが、少なくともそれらがどう機能しているかということを見る限り、それらは新しい非合理主義によるモデルネの侮辱ではなく、政治が自己創作と個々人の生の個体化の苦しみに対して直接責任があるかもしれないという疑いから政治を快適に解放するものである。

新たに現れた精神航海術の多様さには、責任の分配に対する成熟した感覚が示されている。人間の悲惨は、その苦しみにというよりむしろ、自分自身がそれらの苦しみについて責任をとれないこと、自分自身でその苦しみの責任をとろうとすることができないことにある。自分に責任があるということへの意志、それはいわば運命愛［amor fati］の精神航海術的な変種であるが、それはナルシシズム的不遜でも宿命マゾヒズムでもなく、自身の生をその現実性と潜在的可能性において受容することへの勇気と沈着とを意味する。自分自身で責任をとろうとする者は、責任がある人を探し求めるのをやめる。彼は理論的に存在するのを断念し、そして自己を存在しない根源や想像上の原因に基礎づけるのを断念するであろう。ドラマを通じて彼自身が、知の英雄になる、すなわち真理の病人になる。もし啓蒙がこの意味で個人のなかで生じるなら、それはディオニュソス的自律性に流れ込む。このディオニュソス的自律性は、観念論的モデルにおける主体の自律性からは遠く離れているが、それは身体化された現存在が、現存在「克服」の諸幻想から遠く離れているのと同様である。

二百年来、ヨーロッパから地球的規模で広まっているディオニュソス的治療法は、いま社会で一般的となっている偽の啓蒙に対するもっとも鋭い挑戦である。これら偽の啓蒙の諸形式はつねに原因と他の「責任者」を探し求め、結局のところ、主体あるいは神になる夢に駆り立てられて、理想的な後任としてその責任者に取って代わろうとする。この偽の啓蒙の進展のなかで、人間と自然の苦しみの負債が破局的なものにまで膨れるとしても、驚くことではない。

この制御されざる偽の啓蒙に災いを感じる者は、ニーチェの主張が、その予測のつかない不安定さと怒った口調にもかかわらず、反啓蒙ではないということを認識するであろう。むしろ彼は、モデルネの他の偉人の誰とも異なり、啓蒙を苦痛の限界における冒険的な思考と捉えることに固執した。ニーチェは、その没後ほぼ百年を経ってようやく、彼にふさわしく読むことができる。すなわち、自我という愛されざる動物の孤独と「困難な、困難な幸福」のことを伝えるために、ディオニュソス的意識に基づいて、能動的な怠惰という世界的陰謀に反対表明する者の一人としてである。彼もまた、その希望のない厳しさと悲しむべき分離戦争とももども、身体の繊細な経験が再び語ることを学ぼうとしていた著作家の一人として読むことができる。彼はその誠実のパトス、協和の感情、知的熱情によって、――ユルゲン・ハーバーマスの見事な表現を借用すると――「互恵的慎重さ［reziproke

Behutsamkeit]」からそう遠くにはいない。この「互恵的慎重さ」によって、後に生まれた者は多少のコミュニケーション的幸運のもとで、その生活をよりよい方向に転換することができる。もし迷宮の女主人アリアドネへと導く糸をニーチェが解いていたなら、彼はどうなっていただろうかと問うことは、無益だ。彼の舞台は最初から、どんな出口もほかの迷路へはつながっていない、そうした迷宮として設計されていた。しかし彼は、衆人環視のなかで、そして誰も見ていないところで、ドラマによって彼自身の外へと出るに際し、価値の世界の全体、文明の全体、時代の全体を掘り返して進み、ひっくり返し、極端にまで押し進め、そして終わらせた。彼の後に生きる者は楽だ。ニーチェが、意識の三つの許されざる堕罪を警告してくれている。すなわち観念論、道徳主義、そしてルサンチマンである。

しかし私がニーチェから受け続けているもっとも大きな影響は、何よりも、力への意志の定理を自己否定していることである。彼の生の総体はその定理に反論しており、刺激的な脆さが現れているが、その脆さはわれわれの方を向いていて、恐ろしい真理の内部をほとんど隠してないようだ。彼が傷つき、危険に晒され、そして独創的であるところでは、彼は依然としてわれわれの仲間である。彼の冷酷な財産が彼を生きたまま葬るところでは、彼は後のすべての個人主義の運命を先取りしている。彼がすぐに分かるほどに楽観的に奈落を飛び越えているところでは、今日同時代人であることが何を意味するのかを身をもって示している。自分を押しつぶす世の成り行きを、自己肯定の余地を作るために肯定するところでは、彼は希望のない者の幸福の証人である。

註

（1）当然ながら、このテーゼは誇張されている。ここでは、ロマン主義的諸抗議の声について語られなければならないであろう。これらの声は、すでに早い時点で、外的な負担軽減と内的な野蛮化との間の危険な連関を指摘したからである。ちなみに、労働運動も、古い農民の悲惨から近代のプロレタリアートの困窮へと負担が移し変えられることについての異議申し立てであった。

（2）弁苦論の定義については、vgl. Kritik der zynischen Vernunft, S. 815「弁苦論とは、苦痛に関してそれに意味を与える形而上学的解釈のことである。近代ではこの弁苦論が弁神論を逆転したものとして登場してきて、それに取って代わる。弁神論では、悪や苦痛、苦しみや不正は神の存在といかにして相容れることができるかが問われた。弁苦論では、神や高次の意味連関というものが存在しないなら、いかにしてわれわれはそもそもなお苦痛に耐えうるのか、が問われる。ここでただちに思い浮かぶのが、政治学の果たす代用神学としての機能である。」〔邦訳『シニカル理性批判』ミネルヴァ書房、一九九六年、四五一頁〕

（3）ここから、シニカル理性批判までは、ほんの一歩にすぎない。シニカル理性批判とは、シニシズムの概念を、ニーチェ以後の状況のなかでの文化および価値の世界についての思索の中心的カテゴリーとするような反省を意味する。

（4）ジョルジオ・コリは、その「ニーチェ以後の」西欧精神の状況についてのアフォリズム的省察で、近代の客観主義的主観主義が突破されたことを以下のようにセンセーショナルに定式化した。「もう一人のディオニュソス」という表題のつけられた覚書で、彼はこう記している。「オルフェウス教の伝統がディオニュソスに付与する鏡の象徴は、ディオニュソスに、ニーチェが見抜くことのできなかったような形而上学的な意義を与えている。ディオニュソスが鏡のなかの自己を観察するとき、ディオニュソスは世界を自身の像として見ている。すなわち世界は一つの幻影であり、その本質は認識にすぎない。ディオニュソスと世界との関係は、言葉で言い表せない神の生とその反映との関係である。この反映は、ある顔の再現ではなく、被造物と天体の無限の多様さ、形態と色彩との巨大な流れである。これらすべてが、鏡のなかの反射、像に縮小されている。神は世界を創造するのではなく、世界は現象としての神自身である。われわれが生と見なすもの、われわれを取りまく世界は、ディオニュソスが自己を観察し、自分自身の前に自己を表現する、その形式である。オルフェウス教の象徴は、哲学者たちがかくも多くのインクを無駄に使ってきた、内在と超越との間の西洋の対立を、ばかばかしいものとしてしまう。分離しているのか、それとも一体化しているかを見きわめなければならない、そういう二つの事物が存在するのではなく、ただ一つのもの、神だけが存在するのであり、われわれは神の幻覚である。ニーチェは『悲劇の誕生』で、あまりにショーペンハウアー色に染まっているとはいえ、この見方に近づいている。それから後は、内在性への頑なな固執が、彼の炯眼を曇らせている。」(*Nach Nietzsche*, Ffm. 1980, S.208/209) 彼の炯眼は、ほんとうに曇ったのか。『善悪の彼岸』からの次のアフォリズムを参照されたい。「英雄の周囲では、すべてが悲劇となり、半神の周囲では、すべてがサテュロス劇となる。そして神の周囲では、すべてはどうなるのか?ひょっとして『世界』に?――」〔邦訳11巻『善悪の彼岸』一三九頁〕ニーチェに対して内在への頑なな固執を非難すべきかどうか、私は確言できない。彼の反プラトン的な振るまいと彼岸に対する宣戦布告は、違ったふうにも解釈されると思う。「大作戦」への猛々しい伴奏音楽として、すなわち形而上学の内向化と解釈できるのではないか。それについては、このエッセイの第四章を参照されたい。

(5) Martin Heidegger, *Nietzsche*, Bd.I, S.639ff.

（6）ポスト形而上学的な状況の発生を際立たせるのは、フランス革命における君主制という偶像の黄昏だけではない。また一八世紀のイギリスおよびフランスの思考における抽象的な無神論あるいは素朴な感覚論と唯物論の成立でもない。ポスト形而上学的な思考と、ディオニュソス的な唯物論――それはまさにいつも同時に、ドラマ的、神秘主義的、観相学的な唯物論でなければならない――の歴史にとってもっとはるかに重要な日付は、一七八〇年頃に、メスメリズム、動物の磁気療法、人為的な夢遊病、催眠術として、現代の深層心理学が誕生したことである。この主体性の掘り下げと、初期社会主義的なタイプの社会的オカルティズムとの興味深い共存は、理念史によってはまだ適切に評価されていない。Vgl. Peter Sloterdijk, *Der Zauberbaum.* Die Entstehung der Psychoanalyse im Jahr 1785, Ffm. 1985.〔『魔の木』高田珠樹・高田里恵子訳、岩波書店〕

（7）たしかに私は、われわれが過剰な政治化の時代に生きており、したがって社会のある種の非政治化は、最小限の政治的なものを求める際にはプラスとなると信じている。「反政治的」という表現を、私はハンガリーの作家ジェルジ・コンラードから借用したが、彼はこの語によって国家から自由な空間および社会の道徳的、文化的我執のようなものを言っている。Vgl. *Antipolitik. Mitteleuropäische Meditationen,* Ffm. 1985, S.201ff. 西欧の諸条件のもとで反政治は何を意味するか、私は次の講演で示唆した。*Taugenichts kehrt heim oder das Ende eines Alibis - Auch eine Theorie vom Ende der Kunst,* in : *Ende der Kunst -Zukunft der Kunst,* München 1985, S.108-136.

解説　スローターダイクのニーチェ論

本書は、ドイツの哲学者ペーター・スローターダイクのニーチェ論Der Denker auf der Bühne. Nitzsches Materialismus. (edition suhrkamp, 一九八六年刊行）の全訳である。原題を直訳すれば、『舞台の上の思想家。ニーチェの唯物論』となる。

哲学者スローターダイクについては、すでに『シニカル理性批判』（高田珠樹訳、ミネルヴァ書房、一九九六年。原著は一九八三年刊行）、『魔の木――一七八五年における精神分析の成立・心理学の哲学を物語る試み』（高田珠樹・高田理恵子訳、岩波書店、一九八八年。原著は一九八五年刊行）の訳が早い段階で出ており、さらに『「人間園」の規則――ハイデッガーの「ヒューマニズム書簡」に対する返書』（仲正昌樹訳、御茶の水書房、二〇〇〇年。原著は一九九九年刊行）も出版され、それをめぐる論争も紹介されており（寄川条路編『メ

ディア論　現代ドイツにおける知のパラダイム・シフト』に仲正昌樹が執筆した「第三章『スローターダイク論争』とドイツのポスト・モダン」（御茶の水書房、二〇〇七年刊行））、日本でもある程度知られた名前になっている。ドイツでも、当初は在野の評論家・エッセイストと見られていたが、八〇年代の『シニカル理性批判』の成功により一躍注目されるようになり、とくに九〇年代以降はポスト・モダンを代表する哲学者の一人と評価され、現在はカールスルーエ造形芸術大学の学長を務めるとともにテレビの哲学番組の司会もこなしている。

訳者たちがすでに刊行されて二十年以上経つスローターダイクのニーチェ論（もともとは、コリ／モンタナリ編集によるニーチェ全集の『悲劇の誕生』を読み直すという主旨で執筆されたもののようだ）の訳出を思い立ったのは、ニーチェの思想は思想家ニーチェが演じたドラマであるという、スローターダイク独特のニーチェ解釈が、いわば方法論的演技ないし方法論としてのドラマという新しい思考方法を浮かび上がらせ、方法論としての懐疑に基礎づけられた啓蒙の自己反省あるいはモデルネの自己懐疑という問題文脈で、たいへん興味深いと感じられたからである。また比較的コンパクトな形で哲学者スローターダイクのエッセイ的表現を紹介でき、他の大著の理解にも役立つであろうと考えられた。

ニーチェの思想は、現代の人間をめぐる思惟においてひとつの転回点を印すものと見なされる。周知のように、その思想は、人間の理性の自律性に根本的な疑問を投げかけ、西洋の歴史において一貫して保持されてきた人間の定義、すなわち、人間の本質は理性であり、この理性こそ、あらゆる目的設定の基準をなすものとして、人間における動物的・自然的性格を支配、統御すべきものである、とする定義を震撼させた。ニーチェはこれまで疑われることのなかった真理自体の価値を問い、理性的思惟を「生」に奉仕する道具の地位に引き戻すのである。スローターダイクは、ニーチェがイデオロギー批判的思考様式に基づいて展開する「理性という形而上学」の批判作業を、「無意識的なもの」の浮上との関連で考察し、それを捉えるニーチェの「方法」を、自身に課された近代末期の哲学的問題を、自身がその思想を体現し、演ずることによって表現しようとしたものと把握し、形而上学終焉後のニーチェなりの唯物論として解明・解釈しようと試みている。

近代の分業が合目的的に確立した専門性の同義反復的自己増殖を超えて、神なき世界における知性が実存を想起しようとしたとき、スローターダイクによれば「美学と学問との間で、間接話法の信仰告白とも言うべき新しい芸術が生まれ」（本書二章四五／六頁）、従来の用語を踏襲すれば「近代の諸個人が自己探求のドラマを上演する」（二章四八頁）。「認識の実験」は「ドラマ」になった。ドラマであるということは、認識が正しく達成されれば思想家の自己が実現されるということであり、また、認識がまちがえば思想家は破綻するのである。したがってこの場合、追究される「真理」とは、真偽判断の対象というよりは、思想家を癒し生の成就を助ける「治療薬剤的」（二章五〇頁）な概念となる。

ニーチェのドラマトゥルギー的方法とは、このような認識実験の方法のことであり、ニーチェはこの舞台の上で、仮面から仮面へと自己を客体化させながら、私とは誰なのか、という問いを探究する。自己認識のこの運動は、否定的な循環構造を示す。なぜなら、この循環は、成就しなかった自己像を突き放し、探し求めて達成されない幸福の絵姿を焼くことで、その端緒としての苦痛と「愛」に立ち返るからである。スローターダイクはこの循環を、ニーチェがその人生のすべてをかけた「精神航海術的循環」（三章九五頁）と呼び、その真理探究の独自かつ徹底的な「方法」を特徴づけ、その成果と問題を解明することが、彼のニーチェ論の内容である。

スローターダイクによれば、ニーチェが付けた仮面ないし衣装は大きく分けて四つある。まず、ニーチェは、天才主義と神話的情熱という仮面を付けた（主に二章五二頁以降）。これによってニーチェは専門研究者＝古典文献学者としての名声を放棄し、啓蒙の終焉とソクラテス以前への回帰という歴史把握をアクチュアルな問題として披露する、歴史的神話の語り手となる。第二の仮面は、アポロンとディオニュソスというギリシア悲劇の仮面である（二章六七頁以降）。周知のように、ディオニュソスとアポロン、すなわち陶酔と夢という二つの道は、異なる仕方で、個体化という、あのすべての苦しみの原因の克服と関わり合わなければならない。しかし、テキストそのものに根拠を置いた通常の内容理解とは異なり、スローターダイクに言わせると、ニーチェが演じてみせたものは、ディオニュソス的なものの勝利ではなく、その妥協である。ニーチェにあっては仮象というアポロン的世界が自己の主張を通し、舞台すなわち悲劇の空間とはアポロン的停止装置をも意味するのであり、そこではディオニュソス的なものはアポロン的引用符――分節化、象徴化、脱身体化、代理表象――に括られざるをえない。ニーチェのディオニュソス的回廊は、自己意識よりも前にあるものに通じているが、そこを通るためには「ドーリス的事前検閲」を経なければならなかった、とスローターダイクは言うのである。

アポロン派の哲学者は、ディオニュソスの「現象」にすぎないのではないかと自身を疑い、ディオニュソス派の哲学者は、自分は単なる文化的サテュロスではないかと疑う、すなわちアポロン的去勢を覚えている。この両者の関係、とりわけアポロン的なものの優位のもとでのディオニュソス的なものの現れを、スローターダイクはさらに第三の仮面——「哲学者としての心理学者」の顔——、そして第四の仮面——非道徳的予言者の顔——のもとに追究する（三章九七／八頁以降）。ニーチェは、第三の実証主義的心理学者の仮面のもとでは、より公然とアポロン的抵抗のエネルギーを支持するが、第四のツァラトゥストラ、すなわちディオニュソス的予言者の仮面のもとでは、いわば無意識的なものの浮上をその限界に至るまで演じきることになる。スローターダイクによるなら、この第四の仮面のもとで、個体化という根源的な苦痛をすべての基礎の基礎として承認するニーチェは、嘘の実存的不可避性を洞察する。したがって芸術は、嘘をつき、偽装するエネルギーの活発な場である。ただし、悲劇的芸術においてはその嘘が暴露されるので、美的主体は、耐え難いものから耐え難いものへと転落し続けながら「私」の産出をくり返さなければならない。しかし、そこに創出されたものは、ある時点での疑いようのない「自己の真理」である。衣装を身につけ演じることによって、「私」は存在できる（Fingo ergo sum 三章一一六頁）のだ。

スロータータイクは、否定的循環のなかでの永続的な自己搾取という罰を科されたニーチェが、ツァラトゥストラという苦痛に満ちた崇高な登場人物において、具現可能なものの限界に至るまで自己を演じきった後も、自己犠牲を伴う価値創造を選択せざるをえなかったと推測する。「力への意志」について、スローターダイクは以下のように述べる。「生は、すでに個体化の苦悩からして、芸術への強制のもとにあるから、生は自己のうちに衝動を見いださざるをえない。ニーチェはその衝動を、力への意志として同定したが、それは第一に他者に対して、自己自身の真の生きるための作りものの嘘を押し通そうとする意志を意味する。（中略）生が自己創作なら、力への意志は生の可能な一つの解釈にすぎない。それもおそらく根本的な解釈ではない。（中略）それゆえ私は、力への意志は、能力の主張が倒錯したものと考える。力への意志のようなものが最後の手として持ち出されるとき、そこでは主体はすでに自身の自己創作の力に不信を抱いており、意志を保証とすることで自身の安全性を担保しようとしているのである。（中略）意志を、機会的なものから原則的なものにしたことが、心理学的かつ哲学的に見た場合、ニーチェの最も憂慮すべき誤りなのだ。」ただし「力への意志」は弱さとは同義ではなく、抑制されすぎた強さでもあり、非道徳的な解放行為によって自己を放出しようとするものでもある。ここからスローターダイクはニーチェのキニク主義（三章一二八頁、四章一五九頁以降）を取り出そうとする。

スローターダイクによるなら、キニク主義は、自己を哲学的な彼岸の幻像に夢中になることなしに、いろいろな力の働きと、自然の不協和な協和音とにつながろうとする、古代の人生哲学の思考形式である（四章一六一頁）。キニク主義者は、快適さという嘘と中産階級の美しい相貌を放棄し、自己を文化的な装飾なしに自然の尊厳のもとに置く。この忘我的な自然哲学者は、超越的世界にも理論にも興味がない。そのようなものは存在しないからであるが、したがってその言葉は不充分である。けれどもキニク主義の豊かさはそのハビトゥスの幅にある。ニーチェおいて、ディオゲネスと出会ったディオニュソスのキニク主義は、教訓的なパントマイムと風刺的な「多彩な著述」との間、身体とペンのサテュロス劇との間で活動する。「単に苦しむ英雄、忘我的なコロスとしてだけ現れるのではなく、それはさらに心理学者、街頭の神秘主義者、呪われた哲学者および文章家としても人間の雑踏に侵入してくる……。」（四章一六七頁）スローターダイクによると、ニーチェの様式は、すべての話を認識の苦痛快楽的な身体的基礎へと圧縮し、真なるものは真と受け取ることのできるものに復帰させ、認識と感覚性との間に新たな、深められた媒介関係を成立させる。身体を具えた思考とは、そこにポスト形而上学的知のドラマが現れるような、肉体的精神性のことである。思考は思考の出来事となり、認識者の冒険は行為のドラマとなる。ディオニュソス的なタイプのポスト形而上学的な反省は、調整的な正義を実現しようとしているのではなく、世界に開かれた身体がより聡明になって行くなかで、いつもすでに始まっている主観性がより一層深化することであり、その注意深い自己創作の進展のなかで繋がりが増大し、自らを豊かにする身体が言語的表現力に富むものとなること、より世界を含むものとなることである。ここでスローターダイクは、彼にとって中心的な自然の言語化についても言及し、ニーチェは、近代において自然の言語化の過程を範例的に示している（四章一八五頁）、と述べている。

万物照応の天才であったニーチェが成功した生のリズムを見いだすのは、言語以前の表現に身を委ねるために、受肉への強制から解放される場合であった。キニク主義の哲学者ディオゲネスは、神、ロゴス、絶対命令、道徳の死を告知する狂人であり、あまりにディオニュソス的なものからのディオニュソス的な救い手として捉えられるが、ディオゲネスはディオニュソス的哲学者に、ディオニュソスを具現するようわれわれに委託したロゴスは存在しないことを報せてくれる。ニーチェの最後の、つまりディオニュソス後の第五の仮面は、いわば狂気の内の死というデスマスクであった、つまりディオニュソス後の仮面はなかったわけで、これは、ヨーロッパの形而上学の道徳的な受肉劇の結末の問題である。スローターダイクはニーチェの死について、ソクラテスの死とイエス・キリストの虐殺と並ぶ、西洋文化のなかの絶対命令と生の表現との関係についての第三の忘れがたい言明を表わすような範例的な犠牲である、と言う（四章一九五頁）。

スローターダイクはさらに、ニーチェの弁苦論（五章二一二頁。これはスローターダイク自身の『シニカル理性批判』から取られている用語であり、世界の中にある存在としての人間の苦痛に意味を与える形而上学的解釈のことである）から、哲学的倫理学の可能性を引き出す。

ディオニュソス的諸力は、アポロンの制御形式のもとで可能な限りで浮かび上がることが許される。そこに、動的均衡状態（五章二二〇頁）において生を制御する機構としての法・正義という人間の正夢が生ずる。「主体」はもはや「意味」や「真理」の源泉ではなく、諸力の制御系のなかの感覚器官として、ディオニュソスが自己自身を観察する目としてしか構成されない。当為と意志の間で意識を活動させる「中心化した主体」が自律性の幻想を追うことによって、肉体との戯れと対話的・忘我的位相は失われた。しかしそれを「脱中心化した主体」は再獲得する。身体性という暗号には、『弁証法的』唯物論はその粗野な戯画にすぎなかったような、ディオニュソス的唯物論（五章二二八頁）が現れているというわけである。

このように、ニーチェの構想を真理探求の歴史、自然の言語化、自然の自己活性化の歴史のなかに位置づけ、ポスト形而上学の思想に対してニーチェの思想が持つ意味を、方法としての演技、ディオニュソス的唯物論という観点から再構成するスローターダイクのニーチェ解釈は、ひじょうに刺激的な内容を含むものと言えるだろう。

最後に、本書の刊行にいたった研究と翻訳の作業について、簡単に述べたい。

もともと現代の技術的発展とそれに対する人間存在のあり方について、さまざまに展開される哲学・社会学的見解や芸術表現形式に関心を抱いていた訳者たちは、同じドイツ語圏をフィールドとする共通性によって数年前に本書の読書会という形で研究会を立ち上げた。それは現在、アドルノやキットラーのヴァーグナー論、ボルツのメディア論を読み進める研究会となっている。訳出は、森田が叩き台をつくり、それを参加者で確認しながら進めるという形をとり、最終的に森田・中島が訳稿を確認した。したがって、文章の乱れや間違いの見落としがあれば、森田・中島の責任である。哲学・心理学・芸術の広範な知識を前提として、エッセイ的な書き方をするスローターダイクの文体に、はじめは慣れない部分もあったが、翻訳刊行という形でまとめることによってさらに意見交換が進み、刊行できる現在においては本書の価値を再認識している。その意味でも、本書の出版をする論創社には感謝している。書名は、「舞台の上の思想家」という原題の記述的な性格は惜しまれたが、日本の読者にとって内容を喚起しやすいものとして、本書の二つのもっとも基本的なキーワードである方法としての演技と唯物論の性格を強調するものにした。

ニーチェからの直接的な引用の部分は、現在最も入手しやすいであろうちくま学芸文庫版ニーチェ全集（別巻を含め一九巻）にある場合、それを参照、踏襲させてただいたが、本論の文脈との関係で訳を変更させていただいた箇所がある。引用の後に巻頁を記した。

ニーチェについてはもちろんのこと、またスローターダイクについても、すでに大著の訳もあり、不勉強な部分が露呈しているかもしれないが、ご指摘いただければ幸いである。

二〇一一年二月二八日

（森田数実・中島裕昭）

訳者

森田数実

東京学芸大学教授　専門はドイツ社会学史、フランクフルト学派の社会理論研究。著書に『ホルクハイマーの批判的理論』(2000年)、編訳書にM. ホルクハイマー著『批判的社会理論』(1994年) など。

中島裕昭

東京学芸大学教授　専門は現代ドイツ演劇・文学、演劇教育、パフォーマンス研究。共訳にE. フィッシャー＝リヒテ著『パフォーマンスの美学』(論創社、2009年)、共著に『ドラマ教育入門』(2010年) など。

若林恵

東京学芸大学准教授　専門はドイツ語圏文学・文化。分担翻訳にスイス文学研究会編訳『氷河の滴－現代スイス女性作家作品集』(2007年)、論文に「逃走の物語－マルグリート・バウアの『物語の逃走』について」(2005年) など。

藤井佳世

鎌倉女子大学講師　専門は教育哲学・思想、学校論、コミュニケーション研究。共著に『学校という対話空間』(2011年) など。

著者

ペーター・スローターダイク（Peter Sloterdijk 1947-）
ドイツ・カールスルーエ生まれの哲学者。1976年に『文学と人生経験の組織化。1918 － 33年ヴァイマル共和国における自伝ジャンルの理論と歴史』で学位取得。1978 － 80年にインド滞在。1983年に『シニカル理性批判』、1985年に『魔の木——1785年における精神分析の成立・心理学の哲学を物語る試み』。1992年からカールスルーエ造形芸術大学教授、2001年から同学長。パリ、ニューヨーク、チューリヒでも客員講師等。

方法としての演技——ニーチェの唯物論

2011年 5月20日 初版第1刷印刷
2011年 5月30日 初版第1刷発行

著 者 ペーター・スローターダイク
訳 者 森田数実、中島裕昭、若林恵、藤井佳世
装 丁 桂川 潤
編 集 高橋宏幸
発行者 森下紀夫
発行所 論 創 社
東京都千代田区神田神保町 2-23 北井ビル
電話 03（3264）5254 振替口座 00160-1-155266
組版 エニカイタスタヂオ 印刷・製本 中央精版印刷
ISBN978-4-8460-0803-1 ©2011, Printed in Japan
落丁・乱丁本はお取り替えいたします